INSIGHT GUIDES
VENEZA
a Pé

Tradução
Mônica Saddy Martins

Martins Fontes

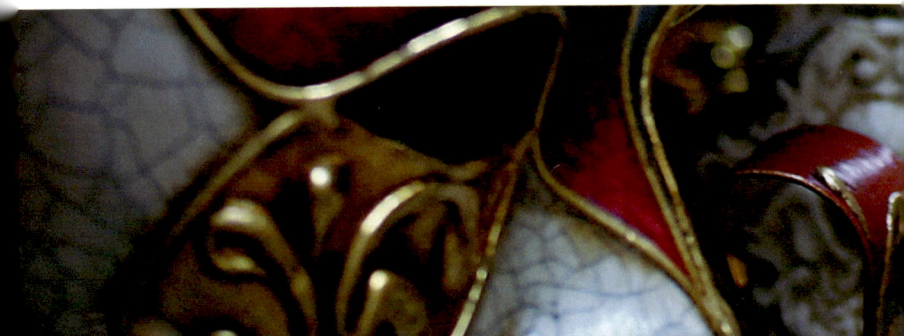

SUMÁRIO

Introdução
Sobre este livro	4
Itinerários indicados	6

Panorama da cidade
Introdução	10
Onde comer	14
Compras	18
Carnaval	20
Cultura	22
História: datas-chave	24

Itinerários
1. Piazza San Marco	28
2. De *vaporetto* no Grande Canal	36
3. Accademia	42
4. O *sestiere* de San Marco	46
5. Os recantos tranquilos de Castello	50
6. A extensão leste de Castello	54
7. Dorsoduro	57
8. San Giorgio Maggiore e Giudecca	61
9. San Polo e Santa Croce	65
10. O Rialto	70
11. Cannaregio	74
12. Murano, Burano e Torcello	79
13. Lido	85
14. Veneza em um dia	88

Informações
A-Z	96
Hospedagem	110
Onde comer	116
Vida noturna	122

Créditos e Índice
Créditos das fotografias	124
Índice remissivo	125

SOBRE ESTE LIVRO

De cima para baixo: principais atrações de Veneza: Basilica de San Marco; Grande Canal; gondoleiro; gôndolas; vielas charmosas.

O guia *Veneza a pé* foi produzido pelos editores da Insight Guides, que, desde 1970, estabeleceram um padrão visual para guias de viagens. Com excelentes fotos e recomendações confiáveis, você tem o que há de melhor em Veneza, em 14 itinerários que podem ser feitos a pé.

ITINERÁRIOS

Os itinerários propostos neste guia procuram atender a todos os bolsos e gostos, qualquer que seja a duração da viagem. Além de cobrir as várias atrações turísticas clássicas de Veneza, este guia sugere também percursos menos conhecidos e áreas emergentes.

Os itinerários abrangem interesses diversos; assim, quer você seja apaixonado por animais, arquitetura, arte ou cinema, quer esteja viajando com crianças, sempre encontrará uma opção que lhe convenha.

Recomendamos que você leia todo o itinerário antes de partir, para se familiarizar com o trajeto e planejar onde fazer uma parada para comer e tomar algo – as opções encontram-se nos quadros "Onde comer", com o símbolo da faca e do garfo, em várias páginas.

Para as excursões temáticas, consulte "Itinerários indicados" (*ver p. 6-7*).

PANORAMA DA CIDADE

Os itinerários apresentados nesta seção introdutória dão uma visão geral da cidade, além de informações sobre alimentação, compras e cultura. Uma sucinta cronologia histórica indica os principais fatos que ocorreram em Veneza ao longo dos séculos.

INFORMAÇÕES

Para facilitar os itinerários, há uma seção de informações úteis de A a Z, práticas e claras, que ajudam na escolha de hospedagem, casas noturnas e restaurantes; tais sugestões complementam os endereços dos cafés, bares e restaurantes mais em conta sugeridos nos itinerários, com a intenção de oferecer mais opções para uma refeição noturna.

As autoras

Jessica Stewart apaixonou-se pela Itália quando ainda cursava o ensino médio; seguiu em frente e formou-se em história da arte em Pádua. Depois de terminar a pós-graduação em estudos renascentistas, mudou-se dos Estados Unidos para Roma, para seguir uma carreira que envolve a arte e a cultura pelas quais é apaixonada. Parte de seu trabalho na organização Context Travel é passar vários dias por mês em Veneza, explorando o labirinto de ruas e reunindo informações sobre comida, arte, compras e novas tendências para turistas que sabem das coisas.

Vários dos itinerários deste guia foram originalmente concebidos pela especialista Susie Boulton, que viajou muito pela Itália durante mais de 25 anos e foi autora e colaboradora de muitos dos títulos da Insight sobre o país.

Dicas nas margens
Dicas de compras, fatos históricos, indicações e informações úteis sobre atividades ajudam os visitantes a curtir Veneza ao máximo.

Quadros em destaque
Dados culturais relevantes são destacados nestes quadros especiais.

Dados importantes
Este quadro dá detalhes da distância a percorrer em cada itinerário e uma estimativa do tempo de duração. Mostra também onde começa e termina o percurso e dá informações indispensáveis, como as épocas mais propícias para o passeio e as melhores opções de transporte.

Mapa do itinerário
Cartografia pormenorizada com indicação clara do trajeto por sequência numérica. Para o mapa geral, consulte o encarte que acompanha este guia.

Rodapés
Nos rodapés, você encontra o nome do itinerário, a referência ao mapa e o nome da principal atração das duas páginas.

Onde comer
As indicações encontram-se nestes quadros. Os números que antecedem o nome de cada restaurante/café remetem a referências do texto principal. Os lugares recomendados também estão assinalados nos mapas.

O símbolo do euro (€) que aparece em cada entrada dá o custo aproximado de uma refeição de dois pratos para uma pessoa, com uma taça de vinho da casa. Serve apenas como orientação. A tabela de preços, que também aparece na segunda orelha deste guia para facilitar a consulta, é a seguinte:

€€€€   60 euros ou mais
€€€   40–60 euros
€€   25–40 euros
€   até 25 euros

SOBRE ESTE LIVRO **5**

FÃS DE ARQUITETURA

As principais atrações da cidade incluem a exuberante ornamentação da Basilica di San Marco (itinerário 1), os palácios em estilo gótico veneziano, como a Ca'd'Oro, no Grande Canal (itinerário 2), o esplendor veneziano clássico dos Gesuati (itinerário 7), as obras-primas *palladianas* de San Giorgio Maggiore e Il Redentore (itinerário 8) e a magnífica igreja gótica dos Frari (itinerário 9).

ITINERÁRIOS INDICADOS

AMANTES DA ARTE

Passe na Accademia (itinerário 3), visite a coleção Peggy Guggenheim, em Dorsoduro (itinerário 7), ou maravilhe-se com as obras de Tintoretto, Ticiano e Bellini (itinerário 9). A Querini Stampalia (itinerário 5) também é uma galeria de pintura veneziana.

CRIANÇAS

Suba no campanário da Piazza San Marco (itinerário 1) e faça um passeio de barco no Grande Canal (itinerário 2), prove sorvetes de dar água na boca nas Zattere (itinerário 7) ou divirta-se na praia do Lido (itinerário 13).

LONGE DA MULTIDÃO

O entorno da Piazza San Marco pode estar lotado de gente, mas em áreas como Castello (itinerário 5) e Cannaregio (itinerário 11) você encontra paz. Para ter tranquilidade de verdade, visite a ilha-cemitério de San Michele (itinerário 11).

CINÉFILOS

Admire os palácios do Grande Canal (itinerário 2) que apareceram em *Cassino Royale*, preste uma homenagem a *Morte em Veneza*, de Visconti, no Hôtel des Bains, no Lido (itinerário 13), e visite Castello (itinerários 5 e 6) e San Polo (itinerário 9), onde foram filmadas cenas de *Inverno de sangue em Veneza*.

APRECIADORES DA BOA MESA

Um bom conselho para os *gourmets* é se afastar dos lugares mais visitados, para descobrir bares e restaurantes venezianos autênticos. Experimente Cannaregio (itinerário 11), Rialto (itinerário 10) e as redondezas de praças e ruas secundárias de Castello, San Polo ou Dorsoduro (itinerários 5, 6, 7 e 9).

AMANTES DA LITERATURA

Marcel Proust pensou sobre a passagem do tempo no Caffè Florian (itinerário 1), Lord Byron morou em vários palácios do Grande Canal (itinerário 2) e Ernest Hemingway era frequentador assíduo do Harry's Bar (itinerário 4). Para um escritor local, visite a Casa Goldoni (itinerário 9), onde nasceu este dramaturgo veneziano do séc. XVIII.

AMANTES DA MÚSICA

Depois de ser reduzido a cinzas em dois incêndios, o teatro La Fenice foi restaurado e pode ser visitado; passe por ele no itinerário 4. Ou, então, aprecie os concertos realizados nas *scuole* (itinerário 9), em igrejas como La Salute (itinerário 7), Frari (itinerário 9), Santa Maria Formosa (itinerário 5) e La Pietà (*ver p. 22*), e em palácios como Ca' Rezzonico (itinerário 2) e Querini Stampalia (itinerário 5).

COMPRAS

A região a oeste de San Marco (itinerário 4) é ideal para comprar objetos de design, mas se quiser artigos venezianos experimente Santa Croce (itinerário 9), Rialto (itinerário 10) e Murano e Burano (itinerário 12).

DIAS CHUVOSOS

Adie o passeio de gôndola e visite galerias de arte, como a Accademia (itinerário 3) e a coleção Peggy Guggenheim (itinerário 7), ou igrejas, da Basilica di San Marco (itinerário 1) até La Salute (itinerário 7).

PANORAMA DA CIDADE

Visão geral da geografia, dos costumes e da cultura de Veneza, além de informações esclarecedoras sobre comida e bebida, compras, Carnaval, cultura e fatos históricos.

INTRODUÇÃO	10
ONDE COMER	14
COMPRAS	18
CARNAVAL	20
CULTURA	22
HISTÓRIA: DATAS-CHAVE	24

INTRODUÇÃO

Mais um cenário que uma cidade, Veneza cativa os turistas há séculos. Ela fascina e hipnotiza, embora também possa oprimir e confundir os desprevenidos. Logo se descobre por que uma das maiores potências marítimas do mundo se tornou uma de suas grandes atrações turísticas.

Sempre representada por escritores, pintores e filósofos, Veneza é uma tela para qualquer fantasia. Quase toda pessoa famosa já esteve aqui. Até os cafés da Piazza San Marco estão cheios de fantasmas famosos. Resultado: Veneza pode ser considerada como o suprassumo da cultura melhor do que qualquer cidade. Os românticos foram recompensados com a sensação de ter chegado muito tarde a um mundo velho demais, os vitorianos achavam que Veneza estava morrendo e os pessimistas contemporâneos tentam enterrar a cidade novamente. Embora o mar possa sepultar tudo de uma vez só, a cidade se recupera logo e rejeita roteiros tão definidos.

Única cidade do mundo toda construída sobre a água, Veneza é um parque temático superior, que consegue elevar espíritos. Pode-se dormir na cama de Tchaikovsky ou acordar em apartamentos enormes, que já receberam príncipes e doges, Henry James e Hemingway. Por romantismo, pode-se literalmente seguir os passos de Casanova; por paixão pelo barroco, sucumbir a um concerto de Vivaldi na igreja de Vivaldi ou saborear as canções dos gondoleiros que inspiraram Verdi e Wagner. Se o espírito se sentir aventureiro, é possível explorar o mundo de Marco Polo em sua cidade natal, pechinchar em Rialto com mercadores ou comprar os repolhos azul-cobalto que provocaram arroubos culinários em Elizabeth David.

Se estiver contemplativo, você pode refletir sobre a passagem do tempo com o fantasma de Proust no Caffè Florian. Se estiver feliz, pode captar as imagens de Canaletto com sua câmara ou ver a obra de Ticiano na igreja construída para esse fim. Se

Abaixo: estátua de um doge veneziano.

quiser sociabilizar, pode curtir fofocas e martínis no Harry's Bar, o preferido de Hemingway. Os mórbidos podem jogar roleta na câmara mortuária de Wagner, que é hoje um cassino; e os melancólicos podem até morrer na Veneza de Thomas Mann e ter um enterro caro, mas cheio de poesia, no cemitério de Stravinsky.

Durante mais de mil anos, a República de Veneza usou toda sua força para repelir invasores. Hoje se tornou uma das maiores atrações turísticas do mundo. Sua singularidade consegue desorientar os que aqui chegam desprevenidos, mas é ela que faz de Veneza uma cidade encantadora.

CONHECENDO A CIDADE

Veneza é dividida em seis *sestieri* (bairros), e este guia vai apresentá-los, delinear um passeio de *vaporetto* (ônibus aquático) pelo Grande Canal e levar você às ilhas da lagoa. Além de abarcar muitas das glórias arquitetônicas da cidade, dará uma ideia de seu traçado, incluindo muitos tesouros escondidos, aos quais o turista comum geralmente não presta atenção. Apesar do caráter aquático de Veneza, você vai descobrir que pode passear a pé pela maior parte da cidade, com uma ou outra viagem de barco para circundá-la ou ir até os cantos mais distantes da lagoa.

Caminhando pelas ruas

Veneza é uma cidade maravilhosa para explorar a pé. Se você deixar para trás a multidão de San Marco, logo se verá imerso num labirinto de vielas estreitas, canais laterais e *campi* (praças) espaçosos. Onde quer que você vá, haverá cafés para descansar ao ar livre ou pequenos *bacari* (bares) onde saborear uma taça de vinho e *tapas* venezianas.

Endereços em Veneza

Os endereços venezianos podem ser bem confusos, com apenas o número da casa e o bairro. Se ficar em dúvida, pergunte o nome da paróquia mais próxima. Em geral, os venezianos indicam o caminho correto. Apesar da gentileza de estranhos, todos os turistas acabam se perdendo nesta cidade labiríntica, mas não se preocupe: os moradores também se perdem.

A geografia de Veneza foi captada pelo dialeto veneziano, e os nomes das ruas dão pistas da natureza da cidade. Conhecer esses termos ajuda a identificar os locais nos trajetos que cruzam o confuso labirinto. A ortografia veneziana é variável, por isso esteja preparado para versões alternativas. Para uma lista, *ver p. 100*.

OS BAIRROS

A Piazza San Marco é o ponto de partida de todo mundo. A praça maravilhosamente bem proporcionada, que Napoleão chamou de "a mais bela sala de visitas da Europa", é o local da grande basílica, do Palácio dos Doges e de graciosos cafés.

Castello

Ao norte e a leste de San Marco fica Castello, o maior *sestiere*, com vielas

Acima, da esquerda para a direita: Basilica di San Marco ao pôr do sol; transporte no estilo veneziano; quadro representando uma máscara veneziana; a ponte mais antiga de Veneza.

Acima: o leão de San Marco; marcador do nível da água; San Marco vista da ilha de San Giorgio Maggiore.

Acima, da esquerda para a direita: reflexos no canal; gôndolas ancoradas no cais; gondoleiro durante uma pausa.

escuras que desembocam em praças claras e movimentadas. A área abriga várias igrejas importantes e também o Arsenale, um grande conjunto militar e naval fundado no séc. XII, e os jardins da Bienal, onde se realizam exposições de arte e arquitetura contemporâneas.

San Polo e Santa Croce

San Polo e Santa Croce são dois bairros vizinhos que englobam o mercado labiríntico de Rialto, a famosa ponte de Rialto, que divide a cidade, e os Frari, a maior de todas as igrejas góticas venezianas.

Cannaregio e Dorsoduro

Cannaregio é o bairro mais populoso e abriga algumas igrejas e o antigo gueto judaico. Dorsoduro é o *sestiere* de caminhadas ao longo do cais das Zattere e de visitas à igreja de La Salute, à Accademia e à coleção Peggy Guggenheim de arte moderna. É também ponto de encontro de jovens em Veneza, centro da universidade Ca'Foscari.

As ilhas da lagoa

Para quem tiver tempo, há ilhas a serem exploradas, superacessíveis por balsas. Murano é famosa pelos cristais; Burano, pela renda e as coloridas casas de pescadores; e Torcello, pela catedral, o mais antigo monumento da lagoa. Giudecca, uma ilha que está sendo revitalizada, abriga a igreja Il Redentore, uma obra-prima *palladiana*, e o hotel mais luxuoso de Veneza, o Cipriani. San Giorgio Maggiore é um famoso mosteiro beneditino. Já o Lido é uma longa faixa de terra entre a cidade e o Adriático, e se vangloria de seu papel especial como cenário de cinema.

Abaixo: Veneza vista de cima.

VENEZA EM PERIGO

Oficialmente, Veneza parou de afundar em 1983. Hoje, as piores ameaças vêm da *acqua alta* (inundação pela maré alta) e das ondas provocadas pelos barcos que danificam as fundações dos edifícios. Durante o outono e o inverno, passarelas de madeira são comuns nas áreas baixas da Piazza San Marco. Os trabalhos do projeto Mose estão em andamento para construir os diques móveis que fecharão a lagoa durante a maré alta. Os ambientalistas tentam embargar o projeto, e seus defensores o veem como um paliativo.

Enquanto isso, a especulação imobiliária (dos compradores estrangeiros) empurra os venezianos para moradias mais baratas no continente. Outro problema sério são as residências particulares transformadas em pensões que deixam pouco espaço para as famílias. Desde 1966, a população diminuiu pela metade, de 121 para 61 mil habitantes. Se o êxodo continuar nesse ritmo, os venezianos terão desaparecido em meados do séc. XXI.

OS VENEZIANOS

Como diz o prefeito reeleito de Veneza, Massimo Cacciari, no costumeiro tom grave e lúgubre, o caráter da cidade "é antigo, conservador e resistente a mudanças. Aqui no centro histórico, não temos capacidade de renovação nem mesmo os números necessários para concretizar uma mudança". A população está envelhecendo, e há mais turistas do que residentes.

Ainda assim, o espírito do veneziano transcende essas verdades banais, desafia a aritmética dos pessimistas e recusa-se a ser dominado pelo turismo. Numa cidade definida pelo mar, não pode haver uma mentalidade de fortaleza, apenas fluxo e refluxo.

Cacciari é contundente em relação ao futuro de seus concidadãos e de sua amada cidade: "Se Veneza ainda tiver algum vigor, saberá aproveitar a oportunidade. Se estiver morta em termos humanos, perecerá. Afinal, Babilônia, Alexandria e Roma, todas morreram". Embora em desacordo com a visão positiva dos venezianos, esse ponto de vista faz eco à indiferença filosófica clássica desses cidadãos. Como tal, o prefeito se mostra contraditório, a marca de um verdadeiro veneziano.

Projetos de renovação

Lembre que, em Veneza, sempre haverá seções das galerias e igrejas fechadas, pois a restauração é uma característica da cidade. Mudanças no funcionamento são divulgadas numa revista gratuita do Departamento de Turismo. Para detalhes sobre os museus cívicos, ver <www.museicivicivenezia ni.it>. Há muitas ONGs que se dedicam a conservar e renovar monumentos venezianos, principalmente Venice in Peril (<www.veniceinperil.org>), criada pelo embaixador britânico na Itália depois da inundação de 1966.

Reservas e descontos

Hello Venezia (tel.: 041-2424; <www.hellovenezia.it>; 7h30-20h) é o lugar onde se faz reserva para óperas, concertos, balés e eventos. Também vende o útil Venice Card, um ingresso combinado, com desconto, que garante a entrada em todos os museus de San Marco, incluindo o Museo Correr, e mais o uso ilimitado de transporte público, acesso a todas as igrejas da Associação Chorus e descontos em muitos outros lugares. Pode-se comprar esse cartão para 3 ou 7 dias. A Associação Chorus, que agrega 16 dos melhores templos religiosos da cidade, vende ingresso válido por um ano (tel.: 041-275 0462; <www.chorusvenezia.org>). Venezia Si é uma organização que representa mais de 90% dos hoteleiros venezianos e também aceita reservas para exposições e concertos importantes (do exterior, ligue para 39 041-522 2264; da Itália, ligue para 199-173 309; <www.veneziasi.it>).

ONDE COMER

Veneza é conhecida pelos excelentes frutos do mar e restaurantes finos. Mas os bares e tabernas tradicionais, conhecidos como bacari, *não devem ser ignorados. É neles que você terá a oportunidade de encontrar a gente do lugar e provar vários pratos tradicionais a preço razoável.*

Reserva

Reservas são essenciais, especialmente nos fins de semana, em qualquer restaurante de Veneza. Como os mais finos são cobiçados tanto por venezianos como por turistas (e os espaços são pequenos), você deve reservar com mais ou menos um dia de antecedência para garantir uma mesa. Lembre-se, também, de que a maioria dos restaurantes fecha entre o almoço e o jantar, por isso é aconselhável almoçar entre meio-dia e uma da tarde. Se ficar com fome fora de hora, entre num bar e peça alguns *tramezzini* (pequenos sanduíches triangulares de pão branco).

Os críticos de gastronomia dizem que a comida veneziana é cara pelo que oferece, mas pode-se comer bem escolhendo com cuidado. Mesmo assim, a dificuldade de transportar produtos frescos aumenta em 20% os preços. O turismo em massa também faz com que a cidade ofereça cardápios horrorosos aos turistas, serviço medíocre e péssimos cafés da manhã. Por isso, deve-se prestar atenção à qualidade. Ainda assim, para quem gosta de frutos do mar, a cozinha pode ser memorável, com siri-mole da lagoa, salmonete, massas com lagosta ou negras e pungentes, com tinta de sépia.

A COZINHA VENEZIANA

Segundo Alastair Little, *chef* britânico de renome e italianófilo, "o passado cosmopolita da cidade e os soberbos produtos importados do Vêneto deram origem ao estilo culinário mais eclético e sutil da Itália". Como os sicilianos, os venezianos incorporaram ideias culinárias dos árabes; também fizeram incursões em Bizâncio, o que, de acordo com Claudia Roden, escritora de culinária do Oriente Médio, traduziu-se num estilo simples: "Se você pudesse ver o peixe chegando vivo ao amanhecer, direto das barcaças do Grande Canal para as barracas do mercado, entenderia por que tudo o que se deseja é fritá-lo, grelhá-lo ou cozinhá-lo no vapor delicadamente".

Um cadinho culinário

Como centro de um império comercial cosmopolita, Veneza era repleta de comunidades estrangeiras – árabes, armênias, gregas, judaicas e turcas. Os postos comerciais venezianos no Levante franquearam à cidade o acesso às especiarias. Pimenta, cúrcuma, gengibre, canela, cominho, cravo-da-índia, noz-moscada, açafrão e baunilha revelam as influências orientais; pinoles, uvas-passas, amêndoas e pistaches também têm seu lugar.

Refletindo conquistas posteriores de Veneza, esses ingredientes foram enriquecidos com uma pitada de cozinha francesa e austríaca. Do final do séc. XVIII em diante, a influência francesa substituiu as especiarias do Oriente pelas ervas mediterrâneas. O brioche francês entrou no café da manhã, assim como o *crescente* turco (pãozinho em forma de meia-lua). O surgimento do *croissant* data da derrota dos turcos nas muralhas de Viena em 1683. A vitória austríaca pode ter deixado Veneza com um gosto amargo na boca, porém, despertou nela também o gosto por

Acima, da esquerda para a direita: um prato de *cicchetti*; refeição ao ar livre perto da Ponte dell'Accademia.

apfelstrudel (massa folhada de maçã) e *krapfen* (sonhos).

Gostos ecléticos

Uma receita clássica inspirada no Oriente Médio é *sarde in saor*, sardinhas picantes marinadas em molho veneziano típico. A versão vegetariana é *melanzane in saor*, feita com berinjela. *Saor* significa sabor; é um molho picante de diferentes combinações de cebola, uvas-passas, vinagre, pinoles e azeite. Aqui o *riso* (arroz) é mais comum que a massa. O cremoso risoto veneziano oferece possibilidades infinitas, à primavera, com carne, caça ou peixe. *Risi e bisi* (arroz e ervilhas) é uma sopa espessa misturada com presunto, aipo e cebola. Também deliciosos são os risotos sazonais, com pontas de aspargo, coração de alcachofra, erva-doce, abobrinha ou abóbora. Uma variação oriental inclui passas brancas e pinoles.

Pratos à base de peixe

Em virtude do clima europeu de alertas sanitários, alguns turistas evitam os peixes da lagoa, temendo a contaminação por mercúrio. No entanto, o peixe da maioria dos cardápios locais vem do Adriático. A pesca interior também ocorre nos *valli*, trechos cercados da lagoa, principalmente de tainhas (*cefalu*) e enguias (*anguilla*). Os *antipasti di frutti di mare*, um banquete de mariscos e moluscos cozidos, regados com azeite e suco de limão, são imbatíveis; camarões e siris-moles rivalizam com filhotes de polvo e lula. Uma receita típica é o risoto de sépia, servido negro e pungente com a tinta, ou a *granseola*, santola cozida e temperada apenas com limão e azeite. Outro prato básico é o *baccalà*, bacalhau salgado preparado com leite e ervas ou queijo parmesão e salsinha, e servido de várias formas, como em torradas. Em Veneza o peixe é mais comum que a carne, mas os miúdos são muito apreciados, particularmente no *fegato alla veneziana*: fígado de vitela em tiras cozido com salsinha e cebola.

SOBREMESAS

Guarde lugar para a sobremesa, pois os biscoitos, bolos e doces de Veneza são excelentes, condimentados com especiarias exóticas. Os venezianos introduziram o açúcar de cana na

Abaixo: o peixe é mais comum nos cardápios venezianos que a carne.

Cicchetti

Alguns dos *cicchetti* (*tapas* venezianas) mais comuns são *polpette* (almôndegas temperadas), *carciofini* (corações de alcachofra), *crostini* com legumes grelhados, *baccalà mantecato* (bacalhau salgado com polenta), *seppie roste* (sépia grelhada) e petiscos de anchova. Preste atenção ao que você come, pois vão cobrar pelas porções (os preços começam em € 1).

Acima: produtos frescos no mercado de Rialto.

Europa e conservaram seu gosto por doces. Sobremesas condimentadas são muito apreciadas, como a *frittelle di zucca*, bolinhos de abóbora fritos e servidos quentes. Os melhores sorvetes estão nas *gelaterie* das Zattere.

ONDE COMER

Quando o assunto é onde comer, San Marco e Castello têm alguns dos restaurantes mais prestigiosos, mas privacidade é raro. Longe do burburinho, as experiências gastronômicas tendem a ser mais variadas e os preços, menores. Experimente Cannaregio e Dorsoduro para uma excelente variedade de refeições de boa qualidade a preço acessível. Não que os turistas devam ignorar os lugares declaradamente glamorosos, pois os venezianos também os frequentam. Fora de San Marco, porém, foram inaugurados vários restaurantes étnicos, e jantar tarde se tornou mais comum, embora em muitos lugares seja aconselhável não chegar muito depois das 20h30.

Estilos de restaurante

Em estilo, os restaurantes venezianos parecem optar pela elegância formal do séc. XVIII ou pelas vigas de madeira expostas e os utensílios de cobre. Ainda assim, há muitas cantinas singulares, abrigadas sob caramanchões ou espalhadas em terraços e pátios. As reservas e o traje formal são regra nos restaurantes mais chiques. O oposto é verdadeiro nos *bacari*, onde você pode se vestir como um negociante do mercado.

Lugares mais sofisticados são chamados de *ristoranti*, ou *osterie* (cantina) se o foco for comida caseira em ambiente íntimo ou rústico. Para complicar, algumas cantinas têm bares que funcionam como os *bacari* tradicionais, para um lanche rápido e mais barato no bar ou uma refeição completa à mesa.

A distinção entre bares e restaurantes é um pouco confusa em Veneza, já que a maioria dos *bacari* também serve comida, principalmente os equivalentes venezianos das *tapas*, conhecidos como *cicchetti*. Comer *cicchetti* e tomar *l'ombra*, ou seja, petiscos acompanhados de uma taça de vinho, é uma tradição veneziana.

BEBIDAS

Vinho

O Vêneto produz uma variedade de vinhos de boa qualidade (DOC), do Bardolino, um tinto frutado vermelho-granada, ao menos prestigioso Valpolicella. Os venezianos bebem mais vinho branco, por hábito e porque cai melhor com frutos do mar. O Soave é o branco mais famoso do Vêneto, mas insípido; provém de vinhas ao longo da margem leste do lago de Garda. Brancos secos do Vêneto e de Friuli, como Soave ou Pinot Grigio, acompanham bem pratos com frutos do mar.

Coquetéis

Veneza é conhecida pelos coquetéis, especialmente o Bellini, um aperitivo de pêssego e *prosecco* criado no Harry's Bar. *Prosecco*, o vinho espumante do Vêneto, é tomado como um aperitivo

fino, seja seco (*secco*) ou meio doce (*amabile*).

Entretanto, se quiser parecer veneziano, arrisque um coquetel cor de laranja intenso, conhecido como *spritz* (a pronúncia é *spriss* no dialeto local). Esse drinque foi introduzido durante a ocupação austríaca (e recebeu esse nome depois da adição de água gasosa, *seltzer*) e logo se tornou um sucesso. É composto de partes aproximadamente iguais de vinho branco seco, água gasosa e um aperitivo, geralmente Campari ou Aperol, guarnecido com casquinha de limão ou azeitona. Se quiser um sabor mais forte e menos doce, peça um *spritz al bitter*. Talvez você precise se acostumar com o *spritz*, mas, uma vez adquirido, esse hábito é sinal claro de paixão por Veneza.

Onde beber

Não houve muitas mudanças nos cafés históricos próximos de San Marco, onde há séculos se tomam café e tragos de grapa desde o tempo dos doges. Mas, fora de San Marco, há bares de vinho (*enoteche*) importantes, onde a degustação é o principal. Nos últimos anos, há também uma nova tendência em bares de vinho, incluindo reinterpretações elegantes do *bacaro*; alguns são bares gastronômicos exclusivos e modernos, que ficariam bem em Manhattan – a não ser, claro, pela gôndola ancorada na porta dos fundos. Até mesmo vários bares de hotel foram reinaugurados como elegantes *lounges*. Por isso, a cultura veneziana de bar abrange muito mais do que pianos-bares em hotéis sofisticados.

Acima, da esquerda para a direita: café de bairro em Dorsoduro; Vino Vino (ver p. 47) em San Marco.

Hora do coquetel
Entre 19h e 20h é a hora ritual do drinque em Veneza. É quando se vê os moradores do lugar bebericando vinho ou coquetéis clássicos, tanto nos cafés chiques quanto nos bares de bairro antigos, os *bacari*.

Abaixo:
café servido com classe na Piazzetta San Marco.

ONDE COMER **17**

COMPRAS

Para desfrutar da emoção de encontrar algo genuinamente veneziano, é preciso curiosidade, convicção e orçamento folgado. Concentre-se em arte e artesanato, em especial tecidos finos, cristais, papel marmorizado e máscaras venezianas.

Acima: maçanetas de vidro de Murano.

Horário de funcionamento

Muitas lojas abrem às 9h30-10h e fecham às 12h30-13h, para reabrir de 15h30-16h até 19h30-20h, portanto planeje-se. Muitas butiques menores também fecham no domingo ou na segunda. Algumas lojas fecham em agosto, para as férias de verão, ou em janeiro, quando há menos turistas. Já lojas maiores e as de departamentos, principalmente nas proximidades de San Marco, costumam ficar abertas o dia todo.

MÁSCARAS E FANTASIAS

Se quiser comprar uma máscara veneziana, primeiro verifique do que ela é feita e peça ao vendedor para lhe explicar onde ela se encaixa na tradição local – se é um personagem da *commedia dell'arte* (*ver p. 69*), por exemplo. Para as mulheres, a Namoradeira é uma máscara felina e graciosa, já a Colombina é mais elegante. Uma das mais atraentes lojas de máscaras fica no bairro Castello, nos tranquilos canais atrás de San Zaccaria, Ca' del Sol (Castello 4964, Fondamenta del Osmarin; tel.: 041-528 5549). Mondonovo é um dos mais criativos fabricantes de máscaras (Dorsoduro 3063; rio Terrà Canal, perto do Campo Santa Margherita; tel.: 041-528 7344). Também em Dorsoduro, Ca' Macana (Dorsoduro 3172, Calle delle Botteghe; tel.: 041-277 6142) oferece cursos de confecção de máscaras. Flavia (Corte Specchiera, Castello; tel.: 041-528 7429) aluga e vende fantasias de Carnaval.

TECIDOS

Veneza é famosa por seus tecidos Fortuny. O Venetia Studium (San Marco 2403, Calle Larga XXII Marzo; tel.: 041-522 9281) produz tecidos exclusivos, incluindo estampas de Fortuny, de lenços a capas de almofada e cúpulas de abajur, bem como tecidos de estampas delicadas e para decoração. Outra grande marca de tecidos venezianos é Bevilacqua (San Marco 337b, Ponte della Canonica; tel.: 041-528 7581; também em San Marco 2520; tel.: 041-241 0662), que produz veludos e brocados desde 1875.

Jesurum (Cannaregio 3219, Fondamenta della Sensa; tel.: 041-524 2540) vende magníficas roupas de cama e mesa e lençóis bordados, desde 1870. Frette (San Marco 2070a, Calle Larga XXII Marzo; tel.: 041-522 4914) comercializa finos artigos de cama e mesa, lençóis, almofadas e roupões.

PAPEL MARMORIZADO

Entre San Marco e Rialto, há lojas que vendem papel marmorizado. Chamada de *legatoria*, ou "encadernação", esta arte antiga dá uma aparência decorativa de mármore ao papel, para álbuns de fotografia, caixas de papel de carta, cartões, agendas e cadernos. Bons distribuidores são Paoli Olbi (Cannaregio 6061, Campo Santa Maria Nova; tel.: 041-523 7655) e Cartavenezia (Santa Croce 2125, Calle Longa; tel.: 041-524 1283).

Acima, da esquerda para a direita: máscara veneziana; sombrinhas de renda de Burano; peças de vidro à venda numa banca em Cannaregio.

VIDRO DE MURANO

Só compre vidro garantido pela marca Vetro Artistico Murano (<www.muranoglass.com>). Lembre que o vidro de Murano pode ser encontrado na ilha em ateliês na lagoa. Além disso, resista à compra por impulso.

Um dos vidreiros contemporâneos de maior prestígio é Venini (loja na Piazzetta Leoncini, San Marco 314, com fábrica e *showroom* na Fondamenta Vetrai 50, Murano; tel.: 041-273 7211). Barovier e Toso (Murano, Fondamenta Vetrai 28; tel.: 041-527 4385) é igualmente respeitado e de gosto mais simples do que muitos outros. Paul & C (San Marco 4391a, Calle Larga San Marco; tel.: 041-520 9899) é para compradores experientes. Archimede Seguso é uma empresa importante, com loja na Piazza San Marco (n. 143; tel.: 041-528 9041). Na lagoa, visite ateliês menores, como Giorgio Nason (Dorsoduro 167, Campo San Gregorio; tel.: 041-523 9426), para bijuterias; ou Vittorio Costantini (Cannaregio 5311, Calle del Fumo; tel.: 041-522 2265), para bichinhos de vidro.

LIVROS E GRAVURAS

Os amantes de livros raros devem ir até Mondadori (San Marco 1345, Salizzada San Moisè), uma livraria, galeria e centro multimídia, central e que fica aberta até tarde, bem ao lado do Bacaro. Outras livrarias são a Libreria Sansovino (San Marco 84, Bacina Orseolo), especializada em livros sobre Veneza, e Old World Books (Cannaregio 1190, Ponte del Ghetto Vecchio), para livros raros e esgotados.

Para gravuras, La Stamperia del Ghetto (Cannaregio 1185a, Calle del Ghetto Vecchio; tel.: 041-275 0200) inclui temas gerais e judaicos. Gianni Basso (Cannaregio 5306, Calle del Fumo; tel.: 041-523 4681) produz em sua pequena gráfica grandes quantidades de cartões de visita, ex-libris e artigos de papelaria para clientes do mundo todo.

OBJETOS DE DESIGN

Todos os artigos do design italiano estão à venda em Veneza, mas os preços tendem a ser mais altos do que no continente. As grifes mais sofisticadas ficam em Calle Vallaresso, Salizzada San Moisè, Frezzeria e Calle Larga XXII Marzo, a oeste de San Marco. A região tradicional de tecidos e armarinhos é Mercerie, um labirinto de vielas entre San Marco e Rialto. Lojas mais comuns ficam entre Campo San Salvador e Santo Stefano e no bairro Castello. O mercado de peixes e verduras de Rialto é fantástico para comprar alimentos. As vielas comerciais de Rialto também são animadas no início da noite. A Ruga Vecchia di San Giovanni tem boas lojas de produtos alimentícios. Se você procura réplicas de bolsas e cintos de grife, os comerciantes africanos de Louis Vuitton ou Gucci falsos vão chamar sua atenção perto da Calle Larga XXII Marzo ou na movimentada Riva degli Schiavoni.

Dorsoduro de vanguarda
Vá até Dorsoduro para as butiques mais modernas e artísticas da cidade. Como muitos artistas vivem na área, esse *sestiere* está repleto de galerias de arte contemporânea, gravuristas e desenhistas.

Lojas de departamentos
A Coin (Salizzada San Giovanni Crisostomo) é uma das poucas lojas de departamentos de Veneza.

CARNAVAL

Todo ano, na preparação para a Terça-feira de Carnaval, La Serenissima se entrega a um baile de máscaras que dura 10 dias – um "adeus à carne" antes da Quaresma –, quando desperta para um turbilhão de cores, máscaras e fantasias, sempre com um tema diferente.

Para comprar uma máscara
Se quiser uma máscara, visite uma das lojas tradicionais que fazem peças sob medida; de um festivo arlequim de cores brilhantes até uma medusa coroada de cobras. As máscaras mais tradicionais são feitas de couro *in cuoio*) ou papel machê (*in cartapesta*), com criações modernas de cerâmica ou forradas com tecidos suntuosos. As de couro são as mais difíceis de modelar, e as de mão ficam lindas como decoração de parede. (Se quiser inspiração para fantasias de Carnaval, estude os primorosos quadros de Pietro Longhi na Ca' Rezzonico, *ver p. 39*.)

Acima, da esquerda para a direita:
máscaras brancas; máscara de Carnaval glamorosa; cobrir o rosto permitia que as classes sociais se misturassem sem serem percebidas.

O Carnaval de Veneza herdou uma rica tradição folclórica, que abarca motivos pagãos e cristãos. Ligados ao solstício de inverno e aos ritos de fertilidade, os festivais do meio do inverno são anteriores ao cristianismo. Segundo os ritos pagãos, vence-se o inverno persuadindo o sol a voltar por meio de uma demonstração de vitalidade máxima.

A cristandade deu ao Carnaval um novo significado: a expressão *carne vale*, adeus à carne em latim, significa a última festividade, especialmente na Terça-feira Gorda, antes da Quaresma, período marcado pela abstinência dos prazeres da carne e pelo foco no espírito. No passado, o Carnaval de Veneza era uma festa móvel, com início já em outubro, ou no Natal, estendendo-se até a Quaresma, e incorporava um elemento de "pão e circo", com espetáculos para entreter e agradar o povo. Além dos bailes de máscaras, havia equilibristas, acrobatas e comedores de fogo, que exibiam suas habilidades na Piazza San Marco. O memorialista John Evelyn visitou Veneza em 1645-6 e relatou "a insensatez e a loucura do Carnaval", das lutas entre cães e touros e do arremesso de ovos à ópera soberba, ao eunuco cantor e um tiroteio entre um nobre enfurecido e sua amante. Durante o Carnaval de 1751, todos se reuniram para admirar um animal exótico, o rinoceronte, retratado num famoso quadro de Longhi hoje exposto na Ca' Rezzonico (*ver p. 39*).

Quando Napoleão tomou Veneza, em 1797, o Carnaval seguiu o caminho trágico da República. Embora revivido de vez em quando no início do séc. XX, só em 1979 foi resgatado. O evento foi ansiosamente aguardado pelos venezianos, com animados desfiles e bailes de máscara.

Está na moda ridicularizar o Carnaval como produto comercial, mas ele tem raízes profundas na alma veneziana. A cidade tem um amor instintivo pelo espetáculo e pela fantasia, que data dos dias gloriosos da República. O Carnaval remonta aos tempos medievais e representa um desfile da história veneziana, que reconstitui acontecimentos políticos e militares, rivalidades e derrotas políticas.

CALENDÁRIO FESTIVO

Milhares de mascarados participam do Carnaval na Piazza San Marco, que é seguido por pantomima, opereta, concertos e saraus em teatros e ao ar livre, nos *campi* da cidade. O Campo San Polo, um dos maiores, é um lugar muito apreciado para festejos ao ar livre desde os tempos medievais. Muitos dos melhores bailes de máscaras, fogos de

artifício e espetáculos históricos são protagonizados pelas Compagnie della Calza, os grupos carnavalescos locais.

O ponto alto da festa é na Terça-feira Gorda, quando os foliões se reúnem para um baile de máscaras na Piazza San Marco antes de ir para festas particulares ou, no caso de celebridades, para o baile do Cipriani, do outro lado da lagoa. Antigamente, o sino da abstinência em San Francesco della Vigna tocava à meia-noite, anunciando o fim da licenciosidade e o início da expiação. O fim é anunciado agora pela queima da efígie do Carnaval na Piazza San Marco.

MÁSCARAS DE CARNAVAL

As máscaras de Carnaval venezianas parecem eternas. Na verdade, as mais tradicionais compõem um disfarce monocromático e teatral, que frequentemente resgata períodos da história veneziana ou a tradição dramática da *commedia dell'arte* (ver p. 69). As máscaras que não se baseiam em desenhos tradicionais em geral são conhecidas como *fantasie*, ou máscaras de fantasia. Uma das mais finas é a *maschera nobile*, a máscara branca esculpida, com chapéu de três pontas e capa de seda preta. Colombina é o nome dado à elegante máscara negra; mais graciosa e sedutora é a máscara chamada *civetta* (namoradeira). Algumas são muito sinistras, em especial a do ameaçador Doutor Morte, com seu bico característico e a beca preta que se usava antigamente como proteção contra a peste.

O CARNAVAL HOJE

O Carnaval é responsável por muitas coisas negativas: preços estratosféricos; mais lojas de máscaras do que açougues; equipes de ensaios fotográficos de moda e de cinema que sobrecarregam San Marco; multidões de europeus multicoloridos fantasiados de gondoleiros e cortesãs peitudas. Ainda assim, esta festa *kitsch* conserva sua magia.

O Carnaval de hoje homenageia os estilos de vida pródigos da Veneza do séc. XVIII. As fantasias da moda, hoje, exaltam a feminilidade voluptuosa das vestimentas do séc. XVIII para ambos os sexos. A fantasia clássica dos sécs. XVII e XVIII era a *maschera nobile*, a máscara nobre. A cabeça era coberta pela *bauta*, um capuz de seda preta e uma capa de renda, cobertos por um manto volumoso (*tabarro*), de seda preta para a nobreza e vermelha ou cinza para os cidadãos comuns. O *volto*, a meia máscara branca, cobria o rosto. O toque final ficava por conta de um chapéu de três pontas preto adornado com plumas.

A elegante *maschera nobile* e as máscaras da *commedia dell'arte* não são as únicas fantasias autênticas. Máscaras que representam ou ridicularizam os inimigos da República, como o Mouro ou o Turco, continuam populares, assim como as fantasias próprias de grupos carnavalescos. Certamente, o amor dos venezianos pelo disfarce esconde o desejo de se passar por outra pessoa. Como disse Oscar Wilde, "um homem só se revela verdadeiramente quando usa uma máscara".

Festivais

É muito provável que haja alguma celebração durante sua estadia na cidade, já que Veneza tem muitos festivais e eventos o ano todo. A cidade realiza festivais aquáticos que lembram a pompa e a ostentação da República; o maior deles é a regata histórica, que remonta a 1825 e acontece no primeiro domingo de setembro. A procissão de barcos vai da região dos Giardini à Ca' Foscari, no Grande Canal, onde os dignitários reunidos numa embarcação decorada distribuem prêmios. Segue-se uma competição de gôndolas. Entre as outras festividades estão a Festa do Redentor (ver p. 64); festas para o santo padroeiro da cidade, San Marco (25 de abril); o Festival de Cinema (ver p. 23 e 87); as bienais de arte e arquitetura (em setembro, em anos alternados); e o festival de música internacional, em novembro, que reúne música de câmara, obras barrocas, música de baile, recitais de piano, *jazz*, orquestras de salão e guitarra espanhola.

CULTURA

Para a maioria dos turistas, entretenimento noturno significa ir a concertos e à ópera, especialmente agora, com a reabertura de La Fenice. Aqui há informações detalhadas sobre concertos, ópera, teatro e cinema.

Sobre os eventos
As melhores fontes de informação são o calendário gratuito do Departamento de Turismo, com horários de funcionamento, espetáculos e eventos, e o precioso guia *A guest in Venice*, também gratuito, disponível em alguns hotéis (principalmente nos grandes) ou on-line em <www.unos pitedivenezia.it>. Ver também <www.turismo venezia.it> e <www.culturas pettacolovenezia.it>. Para um guia contemporâneo de Veneza, experimente *Venezia da Vivere,* <www.veneziada vivere.com> (em italiano e inglês), para vernissages, concertos e as casas noturnas mais novas.

Acima, da esquerda para a direita:
musicista na Piazza San Marco; divulgação de concertos e peças de teatro.

CONCERTOS E ÓPERA

Os venezianos são apaixonados por música clássica e têm orgulho do fato de Vivaldi, Monteverdi e Wagner terem morado em Veneza. No outono, tem início a temporada de música clássica e, em novembro, a temporada de ópera no teatro La Fenice (Campo San Fantin, San Marco; tel.: 041-786 511; <www.teatrolafenice.it>; *ver p. 47*). Os espetáculos, às vezes, também são apresentados no Teatro Malibran (Campiello Malibran, Cannaregio; tel.: 041-786 601). Em geral, os concertos são realizados em bonitos cenários, como igrejas, oratórios e nas *scuole* (centros de cultura das corporações de ofício, *ver a seguir*).

Concertos nas corporações de ofício

A Scuola Grande di San Teodoro (tel.: 041-521 0294; <www.imusiciveneziani.it>) realiza concertos na sede da corporação, com cantores e orquestra em trajes do séc. XVIII. Também há concertos nas Scuola Grande di San Rocco (tel.: 041-523 4864; *ver p. 65*), Scuola Grande dei Carmini (tel.: 041-099 4371), Scuola Grande di San Giovanni Evangelista e Ospedaletto. Muitos dos melhores concertos são realizados pela Accademia di San Rocco, um conjunto musical que apresenta recitais barrocos.

Concertos nas igrejas

Uma das igrejas de concerto mais populares é La Pietà (Riva degli Schiavoni), a encantadora igreja rococó relacionada a Vivaldi. La Pietà é um cenário magnífico tanto para a obra do compositor veneziano quanto para concertos de música barroca.

Os concertos clássicos também são realizados na igreja gótica dos Frari (*ver p. 66*), na igreja de Tintoretto, a Madonna dell'Orto (*ver p. 77*), e em La Salute (*ver p. 58*). A igreja renascentista de Santa Maria dei Miracoli (*ver p. 78*), a igreja do mercado de Rialto, San Giacometto (tel.: 041-426 6559; <www.ensembleantoniovivaldi.com>), e a igreja de bairro Santa Maria Formosa (*ver p. 52*) também são locais sugestivos para concertos. Na Piazza San Marco, o Ateneo di San Basso (tel.: 041 528 2825; <www.virtuosodivenezia.com>) é o cenário para concertos das obras de Vivaldi e Mozart.

Palácios

Também são realizados concertos nos maiores palácios da cidade, da Ca' Vendramin-Calergi (geralmente, Wagner) à Ca' Rezzonico (em geral, música do séc. XVIII; *ver p. 39*). A Fondazione Querini Stampalia (tel.: 041-271 1411; <www.querinistampalia.it>; *ver p. 52*) é uma pequena

galeria, com concertos às sextas e aos sábados às 17h e 19h.

Concertos e ópera ao ar livre
No verão, praças importantes de Dorsoduro se transformam em locais de concerto ao ar livre, incluindo o Campo Pisani, próximo do Campo Santo Stefano. O Teatro Verde (tel.: 900-800 800; <www.teatroverde.de>), com 1.500 lugares, na ilha de San Giorgio Maggiore, também é um local espetacular para ópera.

TEATRO

Em Veneza, as peças teatrais são encenadas apenas em italiano, portanto, só compensa ir ao teatro se o seu conhecimento da língua for suficiente para entendê-las. O teatro mais charmoso é o Goldoni (Calle Teatro Goldoni, San Marco; tel.: 041-240 2011; <www.teatrostabileveneto.it>), que apresenta peças do respeitado dramaturgo veneziano de quem recebeu o nome (Carlo Goldoni, 1707-93). No Goldoni, também se realizam concertos.

CINEMA

Com exceção dos exibidos no festival, a maioria dos filmes estrangeiros apresentados na Itália é dublada em italiano. *Versione originale* (versão original) ou *VO* nos cartazes ou nas listas de eventos indica que os filmes são apresentados no idioma original. Os principais cinemas são o pequeno Accademia (tel.: 041-528 7706), em Dorsoduro, e o Rossini (fechado para reforma), em San Marco. O Giorgione Movie d'Essai, em Cannaregio, geralmente exibe filmes estrangeiros na língua original (para chegar lá, pegue a linha 1 do *vaporetto* até a parada Ca' d'Oro).

Durante o aparatoso Festival de Cinema de Veneza (*ver à direita e p. 87*), que acontece no final de agosto e início de setembro, os filmes são exibidos na versão original. Esse é o festival de cinema mais antigo do mundo e só perde em prestígio para o de Cannes. Hoje ele se concentra mais em filmes de arte do que em campeões de bilheteria.

Festival de Cinema de Veneza

Veneza é o lar do mais antigo festival de cinema do mundo, fundado por Mussolini em 1932. Durante 10 dias entre agosto e setembro, a cidade recebe inúmeras pessoas, como os astros da Europa e de Hollywood e seus paparazzi. O festival acontece no Lido, no Palazzo del Cinema, construído nos anos 1930. Para ver as celebridades, ande pela avenida da praia ou esbanje dinheiro no terraço do hotel Excelsior. O hotel Cipriani (*ver p. 115*) também é um local muito procurado pelos astros de Hollywood. A maioria dos ingressos fica para a indústria do cinema e a imprensa, mas alguns ficam para o público, visite <www.labiennale.org>.

Filmado em Veneza

Veneza não tem indústria de cinema, mas foi cenário de numerosos filmes famosos. Entre eles, a versão de 2004 de Michael Radford para a peça de Shakespeare *O mercador de Veneza*, com Al Pacino no papel de Shylock; *Inverno de sangue em Veneza*, de Nicolas Roeg, 1973, com Julie Christie e Donald Sutherland; e *Morte em Veneza*, de Luchino Visconti, 1971, baseado na novela de Thomas Mann, com Dirk Bogarde no papel de Gustav von Aschenbach, que se apaixona por um rapaz polonês durante uma estadia no Hôtel des Bains, no Lido. Além desses, algumas cenas de *O talentoso Ripley*, adaptação de Anthony Minghella do romance de Patricia Highsmith sobre troca de identidade, foram filmadas em Veneza; o viajado James Bond faz uma aparição rápida na cidade em *Moscou contra 007* (1963), conduz uma gôndola em terra firme em *007 contra o foguete da morte* (1979) e passa por todo tipo de aventuras venezianas na versão de 2006 de *Cassino Royale*.

HISTÓRIA: DATAS-CHAVE

Da fundação no meio dos pântanos estagnados nas margens do Adriático aos dias gloriosos de cidade mais poderosa do Ocidente. Depois vieram a ocupação, a enchente, a ameaça permanente de submersão e o boom *do turismo.*

PRIMEIROS POVOAMENTOS

421	Fundação de Veneza em 25 de março, dia de São Marcos.
452-568	Átila, o Huno, saqueia o Vêneto. Migrações em massa ocorrem do continente para Veneza.
697	O primeiro doge, Paolo Lucio Anafesto, é eleito.
814	A população se muda para o Rivo Alto (Rialto). São cunhadas as primeiras moedas venezianas. Começam as obras do primeiro Palácio dos Doges.

AUGE DA REPÚBLICA

828	O corpo de São Marcos é levado de Alexandria para Veneza.
1000	Veneza controla a costa adriática. É estabelecida a cerimônia do "casamento com o mar" (*ver à esquerda*).
1095-99	Veneza se alia às Cruzadas, mandando embarcações e suprimentos na Primeira Cruzada para libertar a Terra Santa.
1173	Iniciada a primeira Ponte de Rialto.
1202-04	Quarta Cruzada; o saque de Constantinopla e a conquista de Bizâncio levam crescimento ao império veneziano. Fundado o Arsenal de Veneza. Veneza se torna uma potência mundial.
1309-10	Começam as obras do atual Palácio dos Doges. É estabelecido o Conselho dos Dez, para fiscalizar o poder individual e a segurança.
1348-49	Um surto de peste mata metade da população de Veneza.
1453-54	Constantinopla é tomada pelos turcos; auge do império veneziano: Treviso, Bérgamo, Ravena, Friuli, Údine e Ístria são conquistadas.
1489	Chipre é cedido a Veneza pela rainha Caterina Cornaro.
1508	A Liga de Cambrai une a Europa contra Veneza. A *Assunção*, de Ticiano, é pendurada na igreja dos Frari, em Veneza. Nascimento do arquiteto Andrea Palladio no Vêneto.
1571	Batalha de Lepanto, uma vitória naval decisiva contra os turcos.
1577	Palladio projeta a igreja Il Redentore.
1669	Veneza perde Creta, sua última colônia importante, para os turcos.
1708	Um inverno congela a lagoa; os venezianos andavam até o continente.

Casamento com o mar
La Sensa, a festa da Ascensão, celebra o casamento de Veneza com o mar; essa celebração histórica acontece desde o ano 1000. Até a queda da República, o doge velejava de San Marco ao Lido no *Bucintoro*, a galera oficial nas cerimônias. Com grande pompa, um anel era jogado no Adriático, simbolizando a união sagrada de Veneza com o mar. A representação atual é uma imitação fraca; a maratona a remo que se segue é mais digna de nota: a Vogalonga (corrida a remo de longa distância) vai da bacia de São Marcos até Burano, antes de retornar pelo Grande Canal.

Acima, da esquerda para a direita: cotidiano em Veneza no séc. xv, segundo Carpaccio; La Fenice depois do incêndio de 1996.

1718	Veneza entrega Moreia (Peloponeso) aos turcos, sinalizando a derrota de seu império marítimo; fica com as ilhas jônicas e a costa da Dalmácia.
1752	Conclusão dos diques marítimos.
1790	Inauguração do Teatro Lírico La Fenice.

SOB A OCUPAÇÃO

1797	Queda da milenar República de Veneza. Renúncia do doge Lodovico Manin. Napoleão concede Veneza à Áustria em troca da Lombardia.
1800	Conclave papal em Veneza, para eleger um Papa.
1805-14	Reinstalado o domínio napoleônico.
1815-66	Nos termos do Congresso de Viena, a Áustria ocupa a cidade.
1846	Veneza é ligada ao continente por uma ferrovia elevada.
1861	Vítor Emanuel é coroado rei de uma Itália unificada.
1866	Veneza é anexada ao reino da Itália.

SÉCULO xx

1931	Uma rodovia elevada liga a cidade ao continente.
1932	Primeiro Festival de Cinema de Veneza.
1945	Tropas britânicas libertam a cidade da ocupação nazista.
1960	Construção do aeroporto Marco Polo.
1966	A pior inundação da história de Veneza atinge a cidade.
1979	Renascimento do Carnaval de Veneza.
1988	A primeira etapa da barreira contra inundações é concluída.
1996	Incêndio destrói o Teatro Lírico La Fenice. As piores enchentes e marés altas desde 1966.

SÉCULO xxi

2003	O projeto Mose obtém aval para as obras da nova barreira móvel contra as enchentes, cuja conclusão é esperada para 2011.
2004	O La Fenice é reinaugurado, com *La Traviata*. Veneza recebe banda larga via cabos de fibra ótica e dispensa o uso de antenas parabólicas.
2008	Depois de vários anos de atraso, a Ponte Calatrava é construída sobre o Grande Canal, ligando a estação ferroviária com a Piazzale Roma. Há muitas mudanças no *vaporetto*, com a introdução do iMod, bilhete eletrônico recarregável, a renumeração da popular linha 82 para linha 2, e a criação de um *vaporetto* "só para residentes" (linha 3).

ITINERÁRIOS

1.	Piazza San Marco	28	8. San Giorgio Maggiore e Giudecca	61
2.	De *vaporetto* no Grande Canal	36	9. San Polo e Santa Croce	65
3.	Accademia	42	10. O Rialto	70
4.	O *sestiere* de San Marco	46	11. Cannaregio	74
5.	Os recantos tranquilos de Castello	50	12. Murano, Burano e Torcello	79
6.	A extensão leste de Castello	54	13. Lido	85
7.	Dorsoduro	57	14. Veneza em um dia	88

1 PIAZZA SAN MARCO

A Piazza San Marco é o centro da vida veneziana. Comece com os esplendores da basílica e do Palácio dos Doges. Em seguida, caminhe ao longo da Riva degli Schiavoni, relaxe num café e admire a vista sublime da lagoa.

DISTÂNCIA 1 km
DURAÇÃO Um dia inteiro
INÍCIO Basilica di San Marco
FIM Torre dell' Orologio
OBSERVAÇÕES

Fazer uma reserva *on-line* pelo menos dois dias antes da visita significa que você não precisará entrar na fila; contate a ALATA em <www.alata.it> (serviço gratuito). Outra maneira de evitar fila é guardar a bolsa (bolsas grandes e mochilas não são permitidas na basílica) no Ateneo S. Basso (Calle S. Basso, perto da Piazzetta dei Leoncini). Você recebe uma etiqueta que pode ser mostrada aos guardas, e isso evita que você entre na fila. Para ver melhor os mosaicos, faça sua visita quando a basílica estiver iluminada, das 11h30 às 12h30, diariamente. Para fugir das aglomerações, vá bem cedo ou no fim da tarde, e evite os fins de semana, se possível. Fique alerta, pois os turistas são geralmente conduzidos como num rebanho e encorajados a não gastar mais de 10 min. na visita. Pessoas com *short* ou com blusa sem manga, por exemplo, não podem entrar. Esteja preparado para encontrar algumas partes da fachada cobertas por andaimes e tapumes – é raro ver o edifício totalmente descoberto.

Acqua alta
A inundação mortal conhecida como *acqua alta* (maré alta) invade a parte baixa da praça cerca de 250 vezes por ano. A construção de uma controversa barreira para as marés, chamada de Mose (em homenagem ao profeta Moisés, que abriu o Mar Vermelho), está bem adiantada, e os diques móveis devem começar a funcionar em 2011. Por ora, quando a praça inunda, colocam-se passarelas de madeira, para que as pessoas possam caminhar sem molhar os pés. É novidade para os turistas, mas uma dor de cabeça para as autoridades da cidade.

A Piazza San Marco, apelidada por Napoleão de "a sala de visitas mais elegante da Europa", é o centro de Veneza e a única com importância para ser chamada de *piazza*. Durante a maior parte do dia, é domínio de turistas e vendedores de rua, mas também pertence aos moradores. Os venezianos bebem nos grandes cafés, mesmo preferindo ficar em pé para economizar. Antes de enfrentar a multidão na basílica, considere a possibilidade de esbanjar um pouco de dinheiro num café ou num *prosecco* no **Florian**, ver ⑭①, o príncipe dos cafés da cidade e lugar favorito de gigantes da literatura como Byron, Dickens, Proust e Guardi. Demore o tempo que quiser, de preferência ao ar livre, para admirar uma das praças mais elogiadas do mundo.

BASÍLICA DE SAN MARCO

A atração central da praça é a **Basilica di San Marco** ❶ (Piazza San Marco; tel.: 041-522 5205; diariamente, 9h45-16h45; ingresso pago apenas para o Museo di San Marco, a Pala d'Oro e o Tesoro), templo da República e símbolo da glória veneziana. Antes de entrar na fila da basílica (*ver quadro à esquerda*), observe bem a escultura externa, os mosaicos e os quatro cavalos acima do portal central. São réplicas dos originais, que foram roubados de

Constantinopla durante a Quarta Cruzada. O grupo original dos quatro foi transferido para o interior da basílica, no Museo di San Marco, a fim de ficar protegido da poluição.

Uma infinidade de mosaicos

De todos os mosaicos que decoram as entradas e os portais superiores, o único original é *O traslado do corpo do santo*, acima da porta mais à esquerda. Fique atento, para ver como era a basílica no séc. XIII. O portal inferior, na extrema direita, tem um mosaico que mostra como o corpo de São Marcos foi retirado de Alexandria, segundo a lenda, contrabandeado com pedaços de carne de porco. Muçulmanos de turbante demonstram repulsa ao cheiro – a figura de manto azul está tapando o nariz.

Os mosaicos do átrio estão entre os mais belos da basílica: à direita, a **Cúpula do Gênesis** descreve a criação do mundo em círculos concêntricos, acompanhada de cenas das histórias de Noé. Em ambos os lados do portal central, estão os mosaicos mais antigos da basílica, *A Virgem com apóstolos e santos*.

Museo di San Marco

Suba os degraus íngremes e estreitos até o **Museo di San Marco**, a galeria que fica em cima do portal de entrada. Vale cada centavo do ingresso, para admirar os **cavalos de bronze** originais e a vista do interior da basílica e da praça. De início, o interior parece enorme, sombrio e assustador, mas quando seus olhos se acostumam

Acima, da esquerda para a direita: as cúpulas da Basilica di San Marco; a Piazza San Marco vista de cima.

Acima: mosaico dourado na basílica; o campanário.

Onde comer

① **CAFÈ FLORIAN**
Piazza San Marco; tel.: 041-520 5641; 5ª-3ª; €€
O famoso Florian é o lugar para um *prosecco* ou um *spritz* veneziano em grande estilo, enquanto se ouve uma seleção musical de gosto duvidoso e se olha as crianças correndo atrás dos pombos na praça. Paga-se mais caro quando a banda toca ao vivo.

Não alimente os pombos

Você talvez note a clara ausência dos famosos vendedores de comida para pombos na praça. Eles foram banidos da cidade em 2008, quando se comprovou que os dejetos das aves estavam destruindo os monumentos. Hoje, qualquer pessoa flagrada alimentando pombos na praça é multada.

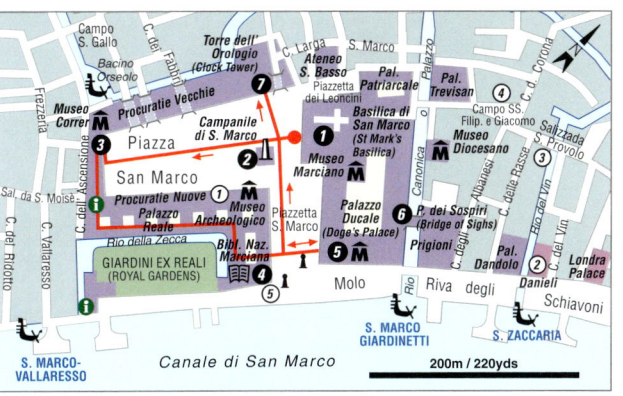

Por quem os sinos dobram
Durante a República, cada um dos sinos tinha um significado diferente; um convocava os senadores ao Palácio dos Doges e o outro, o sino da execução, tinha literalmente o dobre da morte.

à luz misteriosa e fraca, a visão é exótica e arrebatadora. Os mosaicos cobrem cerca de 4 mil m² de piso, cúpulas, arcos e paredes. O pavimento é como um tapete oriental, adornado de motivos naturalistas e religiosos, com ondulações que provam o quanto são móveis as fundações do templo. Da **Loggia dei Cavalli**, do lado de fora, tem-se a vista da Piazza e da Piazzetta como que de uma tribuna de honra, exatamente a mesma que os doges e os dignitários tinham durante as procissões e celebrações.

De volta ao térreo, é provável que você seja conduzido com muita pressa pela basílica, quase sem tempo para admirar seus tesouros. Não perca as duas primeiras cúpulas da nave, para apreciar alguns dos mosaicos mais belos: a **Cúpula de Pentecostes**, que ilustra a Descida do Espírito Santo na forma de uma pomba, e a **Cúpula da Ascensão**, que mostra Cristo cercado pelos apóstolos, pelos anjos e pela Virgem Maria.

O retábulo e outros tesouros

O maior de muitos tesouros é a **Pala d'Oro**, um soberbo retábulo medieval que fica atrás do altar. Encomendado inicialmente para o doge Pietro Orseolo, no séc. IX, e cada vez mais enfeitado com o passar dos anos, tem incrustações de pérolas, safiras, esmeraldas e esmaltes. Mesmo depois do saque de Napoleão, ainda restaram cerca de 2 mil pedras preciosas.

Abaixo: a grandiosa fachada da basílica.

Acima, da esquerda para a direita: detalhe da Pala d'Oro; a praça fotografada do campanário; os cavalos de bronze originais, que encimavam o portal central da basílica, estão agora no Museo di San Marco.

Mais despojos bizantinos estão guardados no **Tesoro** (entrada no transepto da direita). A maior atração aqui é a Píxide, recipiente de prata dourada na forma de uma igreja bizantina.

Há muitos outros detalhes bonitos na basílica, entre eles, o **Batistério** e a **Capela Zen** (ambos geralmente fechados), as capelas e o arco cruzeiro. No entanto, não faz sentido tentar ver tudo apenas em uma visita.

O CAMPANÁRIO

O **Campanile** ❷ (tel.: 041-522 4064; diariamente: abr.-jun. e out.-nov., 9h-19h; jul.-set., 9h-21h; nov.-abr., 9h30-15h45; geralmente fecha durante três semanas em janeiro para manutenção; pago) ainda é muito semelhante à sua forma do início do séc. XVI. Isso não seria de estranhar, não fosse pelo fato de que em 14 de julho de 1902 ele desabou. Surpreende que as únicas vítimas tenham sido o gato do zelador e, na base da torre, a Loggetta de Sansovino, que foi remontada usando os escombros. O campanário foi reconstruído exatamente *dov'era e com'era* (onde estava e como era). Um elevador leva ao topo, com uma vista impressionante da cidade e da lagoa, que nos dias claros se estende até os picos Dolomíticos. A placa na saída marca o nível da água em 04/11/1966 – 90 cm acima do chão.

MUSEO CORRER

Oposto à basílica, do outro lado da praça, o **Museo Correr** ❸ (Piazza San Marco; tel.: 041-240 5211; <www.museicivicivenaziani.it>; diariamente, abr.-out., 9h-19h; nov.-mar., 9h-17h; pago) ocupa umas 70 salas da Procuratie Nuove (gabinetes dos antigos procuradores de São Marcos) e da Ala Napoleonica. O museu não lota com multidões de visitantes e é repleto de tesouros históricos e artísticos. Um pouco de conhecimento da história de Veneza ajuda, mas há folhetos com informações em inglês em cada sala. Muito interessantes são as seções dedicadas à instituição dos doges, ao comércio veneziano e ao Arsenale. Uma atração notável é o Bucentauro (*Bucintoro*), a galera usada para transportar os doges em processões especiais (sala 45).

Arte veneziana

Os amantes da arte deveriam se concentrar na **Quadreria**, uma galeria de belas pinturas venezianas do séc. XIII ao XVI, que inclui uma sala inteira de obras dos Bellini (sala 36) e *Duas damas venezianas* (sala 38), famoso retrato de Carpaccio antigamente chamado *As cortesãs*. As damas parecem entediadas, enquanto esperam os maridos retornarem da caçada – antes da pesquisa, os decotes profundos levaram à atribuição equivocada de sua identidade. Também vale a pena ver o fino entalhe em madeira de Veneza, feito por Jacopo de' Barbari em 1500 (sala 32).

Através das salas 18 e 19, o museu também dá acesso ao **Museo Archeologico**, repleto de estatuárias grega e romana. A principal atração é o altar Grimani (sala 6), do séc. I a.C., com sua decoração báquica e um relevo sensual de amantes que se beijam.

O passe para os museus

Um passe para os museus, que abrange o Palácio dos Doges, o Museo Correr e todos os outros museus cívicos, é vendido por € 18 e tem validade de 6 meses. Um cartão para os museus da Piazza San Marco (Palácio dos Doges, Museo Correr, Biblioteca Marciana, Museo Archeologico) é vendido por € 12 e vale por 3 meses. Para evitar longas filas, compre seus ingressos no Museo Correr, que quase nunca fica cheio. Depois, você pode entrar no Palácio dos Doges sem pegar fila de novo.

Leões de Veneza

O símbolo leonino de Veneza está em toda parte. Aparece nas bandeiras sobre os palácios do Grande Canal, em mosaicos, como insígnia sobre os navios ou agachado como estátuas em jardins secretos. Um leão de São Marcos ainda enfeita o estandarte da cidade e permanece como símbolo do Vêneto.

Abaixo: a Piazzetta (ver p. 35).

BIBLIOTECA NAZIONALE MARCIANA

Também saindo do Museo Correr chega-se à **Biblioteca Nazionale Marciana** ❹ (também conhecida como Libreria Sansoviniana; tel.: 041-240 7223; <www.museicivicivenezziani.it>; Sale Monumentali; diariamente, abr.-out., 9h-19h; nov.-mar., 9h-17h; pago), cujo saguão principal (Sala Monumentale) tem um teto magnífico, com cenas pintadas por artistas como Tintoretto e Veronese. O prédio da biblioteca, que pode ser admirado da Piazzetta (ver p. 35), foi construído por Sansovino em 1530, para abrigar a preciosa coleção de manuscritos gregos e latinos do doge. Palladio o descrevia como "a mais esplêndida construção desde a Antiguidade".

Sansovino também foi responsável pela **Zecca**, onde os venezianos cunharam ducados de ouro e prata até a queda da República. A Casa da Moeda e o Tesouro funcionaram até 1870; hoje, são partes da Biblioteca Nazionale Marciana, o pátio está coberto e é usado como sala de leitura.

INTERVALO DE ALMOÇO

Provavelmente, é hora do almoço e de descansar do passeio. Tudo em torno da praça tem preços extorsivos. Se você não se importar em gastar um pouco mais, aproveite a vista deslumbrante do terraço na cobertura do **hotel Danieli**, ver ⑪②; se preferir uma *trattoria* de preço acessível, experimente **Alla Rivetta**, ver ⑪③, ou **All'Aciugheta**, ver ⑪④, ambas atrás da Riva degli Schiavoni.

PALÁCIO DOS DOGES

Do séc. IX à queda da República, em 1797, o **Palazzo Ducale** ❺ (Piazza San Marco; tel.: 041-71 5911; <www.museicivicivenezziani.it>; diariamente, abr.-out., 9h-19h; nov.-mar., 9h-17h; pago) foi o centro do poder em Veneza. Era residência dos doges, sede do governo e local dos tribunais de justiça e das prisões. Até o séc. XIV, o chefe do Estado veneziano não era mais que um títere ou "um servo glorificado da República", como disse Petrarca. Mas, no que dizia respeito à

moradia, o doge não tinha do que reclamar. Nenhuma outra residência podia se comparar à dele e, por muitos anos, ela foi o único edifício de Veneza com direito a ser chamado de *palazzo*. Outras residências grandiosas tinham de se contentar com a denominação *Ca'*, abreviatura de casa.

A entrada cerimonial, na Piazzetta, era a **Porta della Carta**, um exemplo magnífico de vistosa arquitetura gótica, que ilustra o doge Foscari ajoelhado diante do leão de São Marcos. Hoje, essa é a saída pública; a entrada fica na **Porta del Frumento**, na beira do canal. Desse lado, você consegue admirar a cintilante fachada rosada, os arcos delicados e o detalhe gótico rebuscado.

Interior do palácio
Localizado perto da entrada, o **Museo dell'Opera** (museu da construção) abriga alguns dos capitéis originais do palácio. Daqui, entra-se no pátio principal, cuja **Scala dei Giganti** (escadaria dos gigantes) servia antigamente como acesso majestoso ao palácio.

Dentro do palácio, as grandes câmaras eram lugar de encontro dos escalões mais altos dos sistemas político e administrativo. Os salões enormes são decorados com tetos e telas monumentais para glorificar a grande República veneziana. Artistas importantes da época, como Tintoretto e Veronese, eram contratados para transmitir que Veneza não era um lugar apenas de poder, mas também de beleza irresistível.

A suntuosa **Scala d'Oro** (escadaria de ouro) conduz aos aposentos privados do doge e, mais para cima, às grandes Câmaras do Conselho. As mais impressionantes são: **Anticollegio**, a antessala dos embaixadores, decorada com *O rapto de Europa*, de Veronese, e obras de Tintoretto; a **Sala del Collegio**, com pinturas de teto magníficas, também de Veronese; e a **Sala del Senato**, com outro teto elaborado, pintado por Tintoretto e seus assistentes. Foi na **Sala del Consiglio dei Dieci** que o notoriamente poderoso Conselho dos Dez (na verdade, cerca de 30) arquitetou crimes contra o Estado. Denúncias secretas foram colocadas na *bocca di leone* (boca do leão) na antessala.

Acima, da esquerda para a direita: teto dourado no Palácio dos Doges; o exterior do palácio.

Onde comer

② LA TERRAZZA
Hotel Danieli, Castello 4196, Riva degli Schiavoni; tel.: 041-522 6480; €€€
Só a vista já vale a pena: o terraço na cobertura deste hotel histórico dá para a baía de São Marcos. As atrações da cozinha inspirada no Mediterrâneo são os antepastos, que se escolhem no bufê, a sopa de peixe e os frutos do mar. Necessário fazer reserva.

③ ALLA RIVETTA
Castello 4625, Ponte San Provolo; tel.: 041-528 7302; 3ª-dom.; €€
Ao lado da ponte que cruza o Rio del Vin, ligando o Campo Santi Filippo e Giacomo e o Campo San Provolo, este é um lugar despretensioso e não turístico próximo a San Marco. Predominam os peixes e frutos do mar (grelhados e sépia), assim como polenta e pratos de legumes assados. O lugar é animado, a atmosfera é agradável, mas o serviço é um pouco rude.

④ ALL'ACIUGHETA
Castello 4357, Campo Santi Filippo e Giacomo; tel.: 041-522 4292; diariamente; €€
Este *bacaro* despretensioso e de bons preços destoa dos similares por ser espaçoso, ter terraço e cardápio com muitas opções. Tem também uma ótima variedade de boas pizzas. É muito apreciado pelos venezianos, tentados pelos finos vinhos de Friuli, o peixe do Adriático, as ostras e os queijos.

Acima, da esquerda para a direita: teto da Scala d'Oro, a escadaria dourada de Sansovino, no Palácio dos Doges; gôndolas atracadas no canal.

Abaixo: estátua de Adão no Palácio dos Doges, com a Ponte dos Suspiros ao fundo.

Depois da sala de armas, volte para o segundo andar, seguindo a *liagò* (galeria ou varanda fechada por vidros) até a maior sala: a **Sala del Maggior Consiglio**, que era o plenário onde os doges eram eleitos e onde o último doge renunciou. Ela é monumental – cerca de 3 mil convidados foram recepcionados aqui quando Henrique III da França foi homenageado em 1574. O teto é formado de painéis pintados por artistas famosos da época, como Tintoretto e Veronese, cujo dinâmico *O triunfo de Veneza* se destaca pela perspectiva dramática. O enorme *Paraíso*, de Tintoretto, foi durante muito tempo o maior quadro do mundo: um feito extraordinário de um homem de 70 anos. Abaixo do teto, um friso representa os primeiros 76 doges. Observe o espaço vazio onde deveria estar Marin Falier, o doge executado por traição em 1355.

A Ponte dos Suspiros

Do esplendor das salas do conselho, você mergulha nas masmorras, como os prisioneiros. Os *pozzi*, masmorras sob o palácio, eram escuros, úmidos e infestados de ratos; os *piombi*, onde Casanova concebeu e planejou sua ousada fuga, eram salubres. Chega-se às prisões novas, as que se veem hoje, pela **Ponte dei Sospiri** ❻, que tem esse nome por causa dos suspiros dos prisioneiros, que ali lançavam um último olhar para a liberdade antes da tortura ou da execução. Assim diz a lenda. Na verdade, na época em que a ponte foi construída, no séc. XVII, as celas eram muito boas para os padrões europeus e só abrigavam pequenos infratores. Apenas um prisioneiro político chegou a cruzar esta ponte.

O itinerário secreto

O "itinerário secreto" é uma visita guiada, em inglês e em italiano, que leva até recantos escondidos do palácio, como a câmara de tortura e os *piombi*. É essencial fazer reserva *on-line* (<www.museicivicivenezniani.it>), por telefone (041-520 9070) ou no balcão de informações do Palácio dos Doges.

---

❺ **AL TODARO**
Onde comer

Piazzetta San Marco 3; tel.: 041-528 5165; diariamente, 3ª-dom. no inverno; €

Alternativa aos cafés da Piazza, mais caros e formais. Frequentado pelos gondoleiros do ponto próximo e por turistas. Você pode tomar café ou um *gelato* aqui. Mesas só do lado de fora. Fica aberto até tarde da noite.

A PIAZZETTA

Cercada pela Casa da Moeda, a basílica e o Palácio dos Doges, fica a Piazzetta (pracinha), que dá para o Molo, ou cais. O cais aqui é conhecido como Bacino San Marco, onde dignitários estrangeiros e embaixadores atracavam suas embarcações – hoje, ponto de gôndolas.

Entre no **Al Todaro**, ver ⑪⑤, para tomar um café rápido entre os gondoleiros e observar as enormes colunas de granito de **San Marco e San Teodoro**, trazidas de volta de Constantinopla no séc. XII. Uma coluna é encimada pela estátua de São Teodoro, que era o padroeiro original da cidade antes que os restos mortais de São Marcos fossem trazidos de Alexandria para Veneza. A outra coluna é coroada pelo que parece um leão alado, o símbolo tradicional de São Marcos (*ver p. 32*). Hoje, acredita-se que esse leão seja uma quimera trazida da China à qual os venezianos acrescentaram as asas e a transformaram no leão de São Marco.

TORRE DO RELÓGIO

A oeste da Piazza San Marco fica o **Bacino Orseolo**, o principal ponto de gôndolas: um local muito movimentado para um passeio romântico, mas ideal para observar o tráfego aquático. A baía fica atrás das **Procuratie Vecchie**, os gabinetes mais antigos dos procuradores.

Na extremidade do prédio, sobre o arco, fica a **Torre dell'Orologio** ❼

(Piazza San Marco; tel.: 041-520 9370; <www.museiciviciveneziani.it>; visitas guiadas em inglês, 2ª-4ª, 10h, 11h e 13h; 5ª-dom., 14h, 15h e 17h; reserve; pago). A torre renascentista (1496) tem um grande mostrador de relógio dourado com esmalte azul, que exibe os signos do zodíaco e as fases da lua. E também, claro, marca as horas, com duas figuras de bronze, representando mouros, que batem o sino a cada hora. Atrás da Torre do Relógio, pode-se mergulhar nas vielas escuras da **Mercerie** para fazer compras.

Gôndola
O Bacino Orseolo é o lugar mais central para começar um passeio de gôndola, mas não pague mais do que a tarifa oficial e combine o trajeto e o preço antes. Para um pouco de romance, fique nos canais laterais e não no Grande Canal. O preço é mais alto nas viagens com música ou noturnas.

Abaixo: a Piazzetta.

DE *VAPORETTO* NO GRANDE CANAL

O Grande Canal atravessa majestosamente o coração da cidade, ladeado por uma rica e variada procissão de palácios, e fervilha de barcos de todos os tipos. Neste passeio, você pode ver tudo isso a bordo de um vaporetto (ônibus aquático).

Acima: Ca' d'Oro; *vaporetto* n. 1.

DISTÂNCIA 4 km
DURAÇÃO 40 min. no *vaporetto* n. 1 (30 min. no n. 2)
INÍCIO *Vaporetto* Piazzale Roma
FIM *Vaporetto* San Zaccaria-Danieli
OBSERVAÇÕES
Este passeio é especialmente bonito ao entardecer, quando a luz bate nos edifícios e a maioria dos usuários diurnos do transporte já terá ido para casa, deixando a viagem mais tranquila. O *vaporetto* n. 2, mais rápido, faz o mesmo trajeto, mas apenas 7 paradas no caminho. Uma alternativa é gastar mais numa gôndola.

Passe de ônibus aquático

Já que as passagens no Grande Canal custam € 6 e valem por apenas 60 min., talvez você deva considerar a possibilidade de comprar um passe para viagens ilimitadas. Há passes de 12 horas (€ 14), 24 horas (€ 16), 36 horas (€ 21), 48 horas (€ 26) ou 72 horas (€ 31).

O Grande Canal, a fabulosa hidrovia de Veneza, tem cerca de 4 km de extensão. É surpreendentemente raso, atravessado por 4 pontes e ladeado por 10 igrejas e mais de 200 palácios. Atravessa 6 bairros (*sestieri*), oferecendo uma vista diferente de palácios e armazéns, mercados e clubes de comerciantes, tribunais, prisões e até do cassino da cidade. Pode-se ver tudo isso do *vaporetto* n. 1, o ônibus aquático mais lento, que para em todas as estações.

O itinerário começa na **Piazzale Roma ❶**, no norte de Veneza. É claro que você pode percorrê-lo ao contrário, começando em San Marco, mas da outra maneira você usufrui do *grand finale* na igreja de Santa Maria della Salute e na beira do canal em San Marco. O ideal é fazer os dois percursos e ter tempo para degustar o banquete visual. Você pode começar na estação ferroviária, mas a melhor vista é a de quem senta na proa do barco – para isso, é necessário ser um dos primeiros a embarcar na Piazzale Roma.

A PIAZZALE ROMA E A FERROVIA

Conforme você se aproxima da estação, tem uma boa visão da **Ponte Calatrava** – inaugurada em 2008. Ela foi projetada pelo aclamado arquiteto espanhol Santiago Calatrava e liga a Piazzale Roma à estação ferroviária. Essa ponte foi alvo de controvérsia, principalmente pela falta de acesso para cadeiras de rodas. Um elevador vai ser instalado para resolver o problema.

A **Ferroviaria Santa Lúcia ❷** aparece à esquerda. Este admirável edifício moderno foi construído em 1954, com uma escadaria que oferece ao turista a primeira vista da lagoa de Veneza. Ao lado da estação, a igreja barroca dos **Scalzi** recebeu o nome dos freis carmelitas descalços (*scalzi*) que a fundaram no séc. XVII. Em 1915, uma bomba austríaca atingiu o telhado, que era decorado com um afresco de Tiepolo. Fragmentos dessa obra estão hoje na Accademia. O *vaporetto* passa sob a **Ponte degli Scalzi**, construída em 1934 para substituir uma estrutura de ferro do séc. XIX.

DO FONDACO DEI TURCHI À PESCHERIA

Do lado oposto da estação San Marcuola, o **Fondaco dei Turchi** ❸ foi uma belíssima construção vêneto-bizantina, antes de ser extensamente restaurado no séc. XIX. O antigo armazém era alugado a mercadores turcos; hoje, abriga o Museu de História Natural. Logo depois da plataforma de desembarque à esquerda, o enorme **Palazzo Vendramin-Calergi** ❹ é um dos mais belos exemplares renascentistas do canal, projetado por Mauro Coducci. Wagner morreu aqui em 1883. Hoje, funciona aqui o cassino da cidade.

Depois da igreja barroca de San Stae, à direita, aparece a imensa **Ca' Pesaro** ❺, projetada pelo único grande arquiteto barroco veneziano, Baldassare Longhena. Ela abriga a **Galleria Internazionale d'Arte Moderna** e o **Museo Orientale**. Mais adiante, na branca Ca' Corner della Regina, nasceu, em 1454, Caterina Cornaro, rainha de Chipre.

O *vaporetto* cruza novamente o canal até a plataforma de desembarque **Ca' d'Oro** ❻, ao lado do palácio homônimo, um marco arquitetônico e exemplo suntuoso de palácio veneziano. A fachada filigranada rosa e branca, com capitéis entalhados, coroada por pináculos e baixos-relevos, já foi coberta por folhas de ouro – daí seu nome, Casa de Ouro. O primeiro proprietário, Marino Contarini, demoliu o palácio que existia ali para construir esse edifício magnífico no início do séc. XV. Essa construção gótica abriga a **Galeria Franchetti**, uma

Acima, da esquerda para a direita: o Grande Canal visto da estação de trem, no trecho que vai da igreja dos Scalzi até a igreja de San Geremia; gôndola navega no Grande Canal.

Tente a sorte
Para admirar o Palazzo Vendramin-Calergi de longe, desembarque em San Stae. Para apostar no impressionante cassino, desembarque em San Marcuola. Ele fica aberto o ano todo, das 15h às 2h. Vista-se com elegância e leve seu passaporte. Os apartamentos de Wagner, no mezanino, também podem ser visitados.

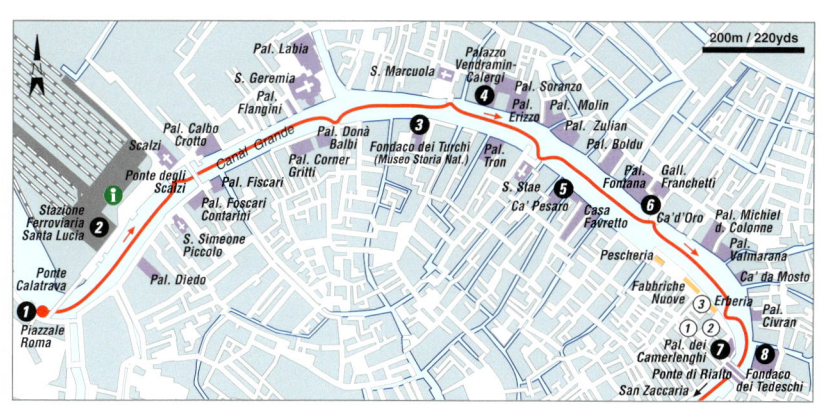

das galerias de arte mais encantadoras da cidade (ver p. 77).

Erberia

Olhe para o outro lado do canal: ali fica a **Erberia**, onde há séculos se vendem verduras, frutas e flores. Em 2007, o município inaugurou aqui uma nova plataforma de desembarque para o *vaporetto* (Rialto Mercato), para facilitar o acesso dos moradores a esse movimentado mercado central. Barcaças da ilha de Sant'Erasmo chegam cedo para descarregar produtos frescos no cais.

Pescheria

Ao lado, debaixo das colunatas da pseudogótica **Pescheria** (mercado de peixes), peixes frescos são arrumados sobre pilhas de gelo. A Erberia tem muitas opções para uma refeição no canal, ver ⑪①, ⑪② e ⑪③.

EM VOLTA DE RIALTO

No **Rialto**, é provável que as gôndolas e o tráfego reduzam sua velocidade, dando-lhe tempo para admirar a ponte e os edifícios do entorno. Logo antes da ponte, à direita, está o **Palazzo dei Camerlenghi** ❼ (1528), antigamente escritório dos tesoureiros (*camerlenghi*) da cidade. Depois, funcionou como prisão do Estado. Do lado oposto, o **Fondaco dei Tedeschi** ❽, que recebeu o nome dos mercadores alemães que alugaram o empório, era o centro comercial mais importante da região de Rialto. Hoje, é uma agência de correio. Originalmente, a fachada era enfeitada com afrescos de Giorgione e Ticiano; os fragmentos que restam estão protegidos na Galleria Franchetti, na Ca' d'Oro (ver p. 77).

DA PONTE DE RIALTO À CA' FOSCARI

Em seguida, você passa pela **Ponte di Rialto** (ver p. 73), construída em 1588-91, depois que as duas pontes de madeira anteriores desmoronaram. Michelangelo, Palladio e Sansovino estavam entre os notáveis que competiram pelo projeto da nova estrutura de pedra, mas quem venceu foi Antonio da Ponte, de nome muito apropriado.

Onde comer 🍴

① IL MURO
San Polo 222, Campo Bella Vienna (marcado nos mapas como Campo Battisti); tel.: 041-523 7495; 2ª-sáb.; €€

Il Muro é uma ótima parada para um drinque ou refeição leve. As mesas externas ficam numa posição elevada, ao lado do mercado de Rialto, e delas você pode observar os vendedores trabalhando. Experimente o *antipasto misto*, uma deliciosa amostra dos frutos do mar do mercado local.

② NARANZARIA
San Polo 130, Erberia; tel.: 041-724 1035; 3ª-dom.; €€

Esta moderna e estilosa *osteria-enoteca* fica num antigo armazém de frutas cítricas. Pegue uma mesa do lado de fora da Erberia para apreciar a vista do Grande Canal. Além do carpaccio de frutos do mar frescos e dos pratos quentes, como tamboril com açafrão, o *chef* Akira serve um petisco raro em Veneza: sushi.

③ AL BANCOGIRO
San Polo 122, Campo San Giacometto; tel.: 041-523 2061; 3ª-dom.; €€

Algumas portas depois da Naranzaria, aninhado em pórticos antigos, ao lado do movimentado cruzamento de Rialto, este bar da moda e *bacaro new wave* ocupa o lugar do banco mais antigo da cidade. Coma *cicchetti* com os moradores do lugar ou vá para o andar de cima e faça sua escolha no cardápio curto, mas sempre variado, com pratos preparados com os ingredientes frescos dos mercados vizinhos.

Antes da estação San Silvestro, à esquerda, ficam os palácios com arcos **Ca' Loredan** e **Ca' Farsetti**, ambos ocupados hoje pela Câmara de Vereadores. Adiante, o grande e austero **Palazzo Grimani** ❾ é uma obra-prima renascentista de Michele Sanmicheli. Esse palácio hoje funciona como Tribunal de Apelação.

Logo antes da estação Sant'Angelo, observe o **Palazzo Corner-Spinelli** ❿ (1490-1510), renascentista, projetado por Mauro Coducci e notável por suas janelas arcadas e pelo pavimento rústico do térreo, que serviram de modelo para muitos outros *palazzi* de Veneza.

Uma parada em San Tomà vai lhe dar tempo para admirar o **Palazzo Mocenigo** ⓫. Byron morou aqui por dois anos, pagando um aluguel de 200 libras esterlinas por ano. Seu caso amoroso com a governanta ("de notável beleza e energia... mas selvagem como uma bruxa e feroz como um demônio") terminou com o brandir de facas e ela se jogando no Grande Canal. Exatamente em La Volta (a curva do canal), reconhecível por seus pináculos característicos, o **Palazzo Balbi** ⓬ foi o lugar escolhido por Napoleão para assistir à regata de 1807, realizada em sua honra.

Ca' Foscari

Do mesmo lado, na outra margem do afluente (rio Foscari), a **Ca' Foscari** ⓭ foi descrita pelo crítico de arte John Ruskin como "o mais nobre exemplo em Veneza do gótico do séc. XV". Ela foi construída em 1437 para o doge Francesco Foscari; hoje é uma universidade.

DA CA' REZZONICO À ACCADEMIA

A próxima parada é **Ca' Rezzonico** ⓮, que recebeu o nome do que se pode afirmar ser o palácio barroco mais belo de Veneza. Projetada em 1667 por Baldassare Longhena, foi propriedade de Pen, o devasso filho de Robert Browning, que morreu aqui de bronquite. Hoje, abriga o **Museo del Settecento Veneziano** (Museu de Veneza do Séc. XVIII; 4ª-2ª, 10h-18h). Ela tem um interior rococó grandioso, decorado com candelabros enormes, tetos com afrescos e mobília laqueada. O segundo andar é uma galeria de quadros venezianos do séc. XVIII e o terceiro abriga a galeria **Egidio Martini**, uma coleção eclética de obras venezianas que abrange 5 séculos. No que diz respeito à arte veneziana, a Ca' Rezzonico começa

Acima, da esquerda para a direita: barco de pesca perto do mercado de Rialto; a ponte de Rialto, com guarda-sóis de restaurante à frente; marcadores do nível de água no Grande Canal.

Acima: Ca' Foscari; gôndola no Grande Canal.

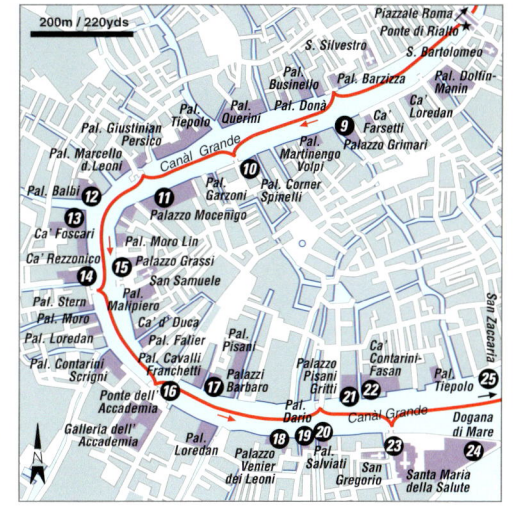

Palazzo Grassi e Accademia

Em frente à Ca' Rezzonico fica o **Palazzo Grassi** ⓯, um lindo exemplo de residência nobre do séc. XVIII, comprado em 2006 pelo magnata francês François Pinault, para guardar sua enorme coleção de arte moderna (*ver abaixo*). Anteriormente, a Fiat era proprietária do imóvel e realizou aqui importantes exposições de arte.

A **Ponte dell'Accademia** ⓰, de madeira, foi construída nos anos 1930 para substituir temporariamente uma pesada ponte de ferro. Contudo, os venezianos gostaram tanto que ela foi mantida. Ao lado da ponte, à direita, fica a galeria **Accademia** (*ver p. 42*) – o maior acervo de quadros venezianos do mundo, abrigado num antigo mosteiro.

DO PALAZZO BARBARO A SAN ZACCARIA

Depois da ponte, os edifícios adjacentes à esquerda são os **Palazzi Barbaro** ⓱, de estilo gótico. Um deles era um ponto de encontro de escritores e artistas, quando o palácio pertencia à família Curtis, de Boston. Estiveram entre os hóspedes Robert Browning, John Singer Sargent, Monet, Whistler e Henry James, que escreveu *Os papéis de Aspern* neste palácio e o usou como cenário em *As asas da pomba*. Aqui também foi rodado o filme baseado nesse livro.

Coleção Peggy Guggenheim

À direita, o **Palazzo Venier dei Leoni** ⓲ ou Palazzo Nonfinito (palácio inacabado) é um edifício de aparência moderna, que hoje abriga a **coleção Peggy Guggenheim** (*ver p. 59*).

François Pinault

Quando se navega pelo Grande Canal abaixo, perto da Accademia, nota-se uma visão estranha. Em frente de um clássico *palazzo* do séc. XVIII, está uma obra de arte contemporânea: pode ser um grande cachorro metálico de Jeff Koons ou uma caveira feita de utensílios de cozinha pelo artista indiano Subodh Gupta. É esse o trabalho de François Pinault, o bilionário francês proprietário da casa de leilões Christie's, que arrematou o Palazzo Grassi (San Marco 3231, Campo San Samuele; <www.palazzograssi.it>; tel.: 041-523 1680; diariamente, 9h-19h) e o inaugurou em 2006 como um novo centro de arte contemporânea. A coleção particular de Pinault tem 2.500 obras; uma pequena parte dela é exibida aqui com outras exposições. O domínio de Pinault não termina aí; há não muito tempo, ele venceu uma concorrência com a coleção Peggy Guggenheim para restaurar a Dogana di Mare, convertendo-a em outro centro de exposições, com a intenção de exibir até 20% de seu acervo e lançar Veneza rumo ao centro do mundo da arte contemporânea.

Palazzo Dario
Dois quarteirões adiante, o palácio de mármore colorido e chaminés características é o **Palazzo Dario** ⓳, construído para um diplomata veneziano. É um edifício encantador, mas amaldiçoado, pelo que se ouve dizer. Aqui, ao longo dos séculos, aconteceram assassinato, falência e suicídio. A última vítima foi o industrial Raul Gardini, proprietário desde 1985, que se matou em 1993 durante investigações sobre corrupção.

Palazzo Salviati
Logo depois do Palazzo Dario, você verá o **Palazzo Salviati** ⓴, um dos mais novos do Grande Canal. Construído em 1924, este palácio foi residência de uma rica família de fabricantes de vidro, que aproveitou a excelente localização do imóvel para fazer um pouco de propaganda de seu negócio na fachada: observe o destacado mosaico, que destoa completamente da arquitetura de estilo renascentista.

Palazzo Pisani-Gritti
Depois da plataforma de desembarque Santa Maria del Giglio, à esquerda, fica o **Palazzo Pisani-Gritti** ㉑, que pertenceu ao doge Andrea Gritti no séc. XVI. O palácio foi transformado em hotel entre as guerras e tem uma lista de hóspedes ilustres. Logo depois do Gritti, a pequena mas refinada **Ca' Contarini-Fasan** ㉒ é conhecida como Casa de Desdêmona.

Grand finale
Montando guarda na entrada do canal está a onipresente **Santa Maria della Salute** ㉓ (*ver p. 58*), obra-prima barroca de Longhena, com uma fachada enorme e exuberante, volutas, estátuas e uma cúpula imensa. Na ponta do promontório vê-se a figura da Fortuna sobre um globo dourado no topo da **Dogana di Mare** ㉔ (alfândega; agora em obras; *ver p. 58*).

Fique no barco até a parada **San Zaccaria** ㉕ – assim, você poderá apreciar a vista magnífica da orla de San Marco e também a ilha de San Giorgio, antes de desembarcar.

Acima, da esquerda para a direita: a margem do canal e o Palazzo Barbaro, perto da Ponte dell'Accademia; o Palazzo da Mosto, uma das residências mais antigas do Grande Canal.

Abaixo: vista de Santa Maria della Salute.

ACCADEMIA

Este tesouro da arte veneziana contém de obras renascentistas e painéis bizantinos a vibrantes pinturas históricas, e é memorável tanto por esses retratos reveladores do cotidiano quanto pelas esplêndidas obras-primas.

DURAÇÃO 2-3 horas
INÍCIO/FIM Entrada da Accademia
OBSERVAÇÕES

As pinturas da Accademia dependem da luz natural, por isso escolha uma manhã clara e chegue o mais cedo possível. Do contrário, prefira o final da tarde, para evitar aglomerações. Você pode combinar uma visita à Accademia com uma caminhada pelo bairro elegante de Dorsoduro (ver p. 57). Pode ser que algumas salas estejam fechadas para restauração e quadros tenham sido mudados de lugar temporariamente.

A ponte da Accademia

A característica Ponte dell'Accademia é um ponto de encontro muito apreciado pelos venezianos. É um ótimo lugar para observar o tráfego aquático e tem uma vista enorme do Grande Canal e da igreja della Salute.

Luz e cor

A cor vibrante, a luminosidade e um sentido ornamental extraordinário diferenciam a obra dos mestres venezianos. Sobre a escola veneziana, o crítico de arte Bernard Berenson diz: "Seu colorido não só proporciona prazer imediato aos olhos, mas também age como a música sobre o espírito".

Onde comer
① **CAFFÈ BELLE ARTI**
Dorsoduro 1051A, Campo della Carità; tel.: 041-277 0461; diariamente; €
Este agradável café tem mesas externas e é uma ótima pedida para uma salada, sanduíche ou café antes de uma visita à Accademia.

O acervo da **Accademia** (Campo della Carità; tel.: 041-522 2247; <www.gallerieaccademia.org>; 2ª, 8h15-14h; 3ª-dom., 8h15-19h15; pago) fica em Santa Maria della Carità, um conjunto arquitetônico de igreja, convento, claustros e corporação de ofício. A igreja foi desconsagrada na época napoleônica e se tornou repositório de obras criadas durante a República veneziana.

O acervo é exposto numa ordem cronológica vaga, que vai do séc. XIV ao XVIII. As obras-primas são muitas para se ver em uma só visita, e este itinerário se concentra em apenas algumas das atrações principais. A galeria coloca à disposição folhetos com informações úteis (com tradução em inglês) em todas as salas e guias gravados em 6 idiomas.

O museu não tem café nem restaurante; se quiser fazer um lanche antes da visita, experimente o **Caffè Belle Arti**, ver ⑪①, bem perto da entrada.

ESTILO BIZANTINO

A **Sala** I exibe a forte influência bizantina sobre os primeiros pintores venezianos. O principal expoente do estilo na cidade foi Paolo Veneziano. Uma de suas obras mais importantes é a primeira peça da exposição, *Coroação da Virgem*, um políptico (pintura em painéis) extravagante no uso do ouro. Logo antes dos degraus que levam à Sala II (*ver abaixo*), observe a detalhada apresentação das figuras na *Coroação da Virgem*, de Giambono – um bom exemplo do estilo gótico internacional.

RENASCENÇA VENEZIANA

A **Sala** II contém um dos retábulos mais importantes dos primórdios da Renascença veneziana: a *Madona no trono com santos*, de Bellini (parede direita). A pintura renascentista chegou tardiamente a Veneza, trazida pelo grande gênio Andrea Mantegna. Giovanni Bellini era cunhado dele e, por sua vez, influenciou todos os pintores venezianos de sua geração e das gerações seguintes, a maioria treinada em seu ateliê.

A família Bellini

Bellini rompeu com o políptico tradicional e reuniu a Virgem e os santos numa composição natural única denominada *sacra conversazione* (conversação sagrada). Esse quadro exerceu forte influência sobre *A apresentação de Jesus no templo*, de Carpaccio, e *Agonia no jardim*, de Marco Basaiti, ambas expostas na mesma sala.

Pule a **Sala** III e se concentre nas preciosidades das **Salas** IV e V. Giovanni Bellini foi o maior pintor veneziano de madonas. Com o pai, Gentile, e o irmão, Jacopo, Giovanni dirigiu um grande ateliê, que produzia essas pinturas religiosas em grande quantidade. Sua *Madona e o Menino com Santa Catarina e Santa Maria Madalena* (à direita de quem entra) demonstra um equilíbrio magistral entre naturalidade, realidade e beleza. Na parede oposta, o *São Jorge* de Mantegna exemplifica a racionalidade sem adornos de seu estilo quatrocentista.

Atravesse a **Sala** V para mais obras-primas de Giovanni Bellini, incluindo as encantadoras *Virgem das árvores* e *Madona* e o *Menino com São João Batista e um santo*. Em sua sugestiva *Pietà*, ele faz um uso impressionante da paisagem.

Giorgione

Na mesma sala (escalada para obras de renovação), fica uma das mais grandiosas obras da Renascença veneziana: *A tempestade*, de Giorgione. Pouco se sabe sobre esse artista, que morreu prematuramente da peste, mas ele é citado como um dos funda-

Acima, da esquerda para a direita:
A tempestade, de Giorgione; detalhe do exterior da galeria.

Retratos da glória

A República dava grande importância ao pintor oficial e esperava que artistas do calibre de Bellini, Ticiano e Tintoretto captassem a glória veneziana em representações vibrantes de eventos formais, como a recepção de prelados, embaixadores e dignitários.

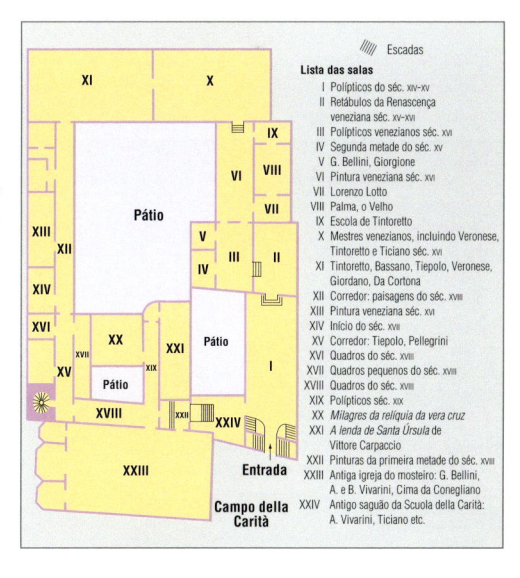

Lista das salas

I Polípticos do séc. XIV-XV
II Retábulos da Renascença veneziana: séc. XV-XVI
III Polípticos venezianos séc. XVI
IV Segunda metade do séc. XV
V G. Bellini, Giorgione
VI Pintura veneziana séc. XVI
VII Lorenzo Lotto
VIII Palma, o Velho
IX Escola de Tintoretto
X Mestres venezianos, incluindo Veronese, Tintoretto e Ticiano séc. XVI
XI Tintoretto, Bassano, Tiepolo, Veronese, Giordano, Da Cortona
XII Corredor: paisagens do séc. XVIII
XIII Pintura veneziana séc. XVI
XIV Início do séc. XVII
XV Corredor: Tiepolo, Pellegrini
XVI Quadros do séc. XVIII
XVII Quadros pequenos do séc. XVIII
XVIII Quadros do séc. XVIII
XIX Polípticos séc. XIX
XX Milagres da relíquia da vera cruz
XXI A lenda de Santa Úrsula de Vittore Carpaccio
XXII Pinturas da primeira metade do séc. XVIII
XXIII Antiga igreja do mosteiro: G. Bellini, A. e B. Vivarini, Cima da Conegliano
XXIV Antigo saguão da Scuola della Carità: A. Vivarini, Ticiano etc.

Grand Tours

Veneza era adorada pelos Grand Tours, especialmente ingleses, franceses e alemães. Como precursores dos caçadores de suvenir, esses nobres cobiçosos se tornaram colecionadores de lembranças venezianas, das quais as mais apreciadas eram as pinturas. Canaletto foi o exportador mais popular.

Abaixo:
O *rapto de Europa*, de Tiepolo.

dores da pintura moderna. Giorgione, que estudou com Bellini, era um inovador, pois desenvolveu sua arte pelo uso da cor e da luz, por oposição à linha e ao desenho. *A tempestade* é uma das poucas obras atribuídas a ele, mas o assunto ainda é um mistério. Ao lado, *A velha*, do mesmo artista, é uma peça surpreendente dos primórdios do realismo.

Ticiano, Veronese e Tintoretto

As **Salas VI-VII** abrem caminho para as grandes obras de arte da Alta Renascença, introduzindo Ticiano, Tintoretto e Veronese. Ticiano, de maneira audaciosa, apresenta *São João Batista* como atleta musculoso em pose estudada. Depois da morte de Giorgione (1510), Ticiano (*c.* 1487-1576) dominou a pintura veneziana até o fim de sua longa vida. O emprego brilhante da cor e da composição lírica são os ingredientes de seu gênio.

Quadros exuberantes e ricamente coloridos são típicos da primeira metade do séc. XVI, como a *Conversação sacra*, de Palma, o Velho, na **Sala VIII**, logo depois da livraria. Totalmente diferente é o melancólico e intenso *Retrato de um jovem*, de Lorenzo Lotto, na sala ao lado. A observação aguda da personalidade é um traço notável da arte do retrato na Renascença veneziana.

Suba os degraus até a **Sala X**, onde estão as maiores obras-primas da Alta Renascença. Paolo Caliari (1528-88), mais conhecido como Veronese, por ser de Verona, pintou num estilo de cor e num realismo exuberantes. À direita, cobrindo toda a parede, está seu grandioso *Banquete na casa de Levi*. Esse quadro foi pintado como *A última ceia*, mas seu conteúdo hedonístico (cachorros, bêbados, anões etc.) levou Veronese à Inquisição. Em vez de eliminar os detalhes ofensivos, o pintor simplesmente mudou o título da obra.

Tintoretto (1518-94) nasceu em Veneza e quase nunca saiu dos limites da cidade. Homem de convicção religiosa fanática, ele trouxe um tipo de maneirismo frenético para a Renascença. Fez seu nome com o impressionante *O milagre do escravo*. O uso inspirado da sombra, do esboço, da profundidade e do movimento está exemplificado nos dramáticos *O roubo do corpo de São Marcos* e *São Marcos salva um sarraceno do naufrágio*. Na mesma sala, a escura e comovente *Pietà* de Ticiano, banhada numa luz mística, foi a última obra do artista, pintada quando ele tinha mais de 90 anos, possivelmente para seu próprio túmulo nos Frari. *Casamento de Santa Catarina* e *Madona no trono com santos*, de Veronese, são obras ricamente coloridas e radiosas, que demonstram o uso que o pintor fazia de matizes deslumbrantes.

Tiepolo
No fim da **Sala XI**, não deixe de ver o grandioso *tondo* de Tiepolo, *A descoberta da Vera Cruz*, que ilustra seu domínio da perspectiva ilusionista.

A **Sala XII** é uma galeria de paisagens alegres, líricas, quase açucaradas. No séc. XVIII, o mais importante em arte era encantar e agradar os sentidos. Bons exemplos são os graciosos e etéreos *Rapto de Europa* e *Apolo e Mársias*, de Tiepolo (Sala XVI). Quando jovem, Tiepolo foi influenciado por Giambattista Piazzetta, cujo uso arrojado do claro-escuro em estilo livre pode ser apreciado em sua obra-prima *O adivinho*, na última galeria à direita.

VISTA DE VENEZA

A pintura topográfica, ilustrada na **Sala XVII** (à esquerda, saindo da última galeria), era moda na época. Antonio Canal, mais conhecido como Canaletto, transformou essa moda em indústria. *Perspectiva* é um bom exemplo de suas cenas desenhadas com precisão. Compare com a vista espontânea e vibrante de Veneza que Guardi pintou. Para conhecer melhor o cotidiano da cidade no séc. XVIII, veja as pinturas espirituosas de Pietro Longhi, na direção do fundo da sala.

ARTE HISTÓRICA

Virando duas vezes à esquerda, você sai na **Sala XX**, que contém 8 grandes telas de 5 "pintores de cerimônias" do final do séc. XV e começo do séc. XVI, contratados pela Scuole Grande di San Giovanni Evangelista. As cenas, que representam *Histórias da Vera Cruz*, são história da vida veneziana no séc. XV. Vale a pena escolher algumas para apreciar: *Procissão do Santíssimo*, de Bellini, que mostra a Piazza San Marco no fim do séc. XV, e *A cura de um homem possuído por demônios*, de Carpaccio, que retrata a velha ponte de madeira de Rialto, que desmoronou em 1524. A **Sala XXI** é dedicada ao bem delineado *Cenas da vida de Santa Úrsula*.

Na última sala (**XXIV**), o grande tríptico de Antonio Vivarini e Giovanni d'Alemagna mostra uma combinação do gótico e estilos renascentistas. E *A apresentação da Virgem*, de Ticiano, na parede da entrada da galeria, encerra sua visita.

Depois de se empanturrar de arte, mate a fome dando um pulinho no **Ristorante San Trovaso**, ver ①②. Chega-se a ele seguindo o rio Terrà della Carità para o sul e virando à direita na Calle Larga Nani.

Acima: detalhe do *Banquete na casa de Levi*, de Veronese (1573); essa pintura provocou a ira da Inquisição, pelo sacrilégio de retratar bufões, bêbados e anões. Veronese se desvencilhou da questão dando ao quadro um título mais secular.

Arte sacra
Muitas das obras da Accademia vieram de igrejas que foram demolidas ou suprimidas durante a ocupação napoleônica em Veneza.

Onde comer
② RISTORANTE SAN TROVASO
Dorsoduro 967, Calle Larga Nani; tel.: 041-523 0835; 6ª-4ª; €€
Restaurante simples que serve tanto os moradores como os turistas. Providencial para matar a fome depois de um passeio dedicado à arte, pois fica pertinho da Galleria Accademia. Experimente o *risotto al pescatore*, com deliciosos pedaços de frutos do mar, ou a substanciosa *pasta* e *fagioli* (sopa de macarrão com feijões).

4 O *SESTIERE* DE SAN MARCO

A curva do Grande Canal em que se localiza San Marco é conhecida como "os sete campi *entre as pontes", uma sucessão de espaços espetaculares, cada um com seus bares convidativos e palácios monumentais.*

DISTÂNCIA 3 km
DURAÇÃO 2-3 horas
INÍCIO/FIM Piazza San Marco
OBSERVAÇÕES Este itinerário é um ótimo complemento ao passeio à Piazza San Marco (ver itinerário 1). Depois do Campo San Moisè, a multidão diminui bastante.

Há muito mais no *sestiere* de San Marco do que a Piazza, sua principal atração. O bairro abriga igrejas imponentes, o lendário Teatro Lírico La Fenice e uma série de *palazzi* que margeiam a curva sul do Grande Canal. Este itinerário também explora alguns quarteirões escondidos de San Marco, desconhecidos das hordas que se restringem à Piazza.

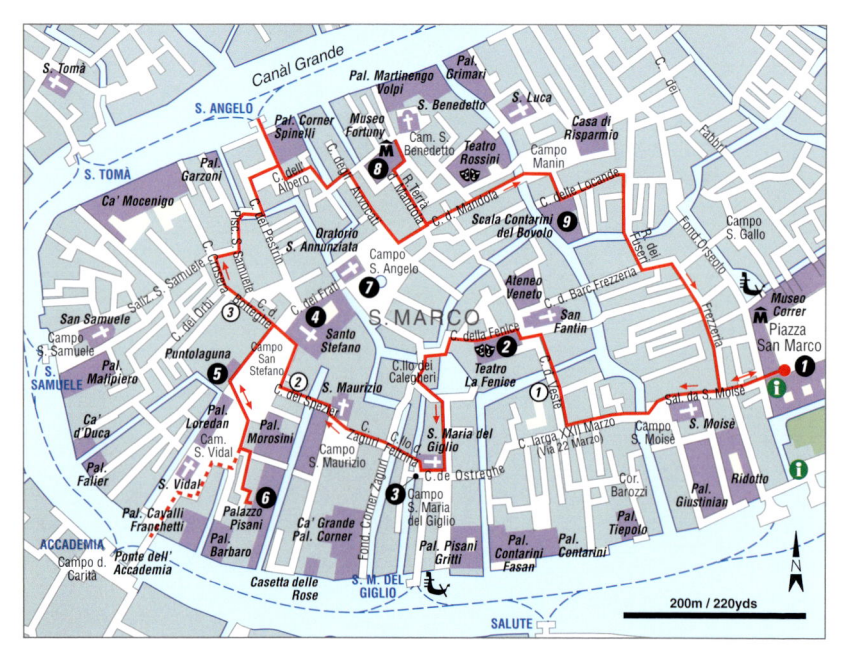

46 O *SESTIERE* DE SAN MARCO

Saia da **Piazza San Marco** ❶ pelo lado oeste, sob o arco, até o final à esquerda. A Salizzada San Moisè (onde as vitrines de grifes como Louis Vuitton e Gucci talvez desviem seu olhar) leva até a igreja de **San Moisè**. O impressionante detalhe barroco da fachada contrasta com o austero hotel Bauer Grünwald, que se destaca por ser uma das raras intromissões modernas na cidade. Atravesse a ponte e entre na Calle Larga XXII Marzo, uma rua de comércio larga, cujo nome faz referência ao dia (22 de março) em que os patriotas tomaram a República das mãos dos austríacos, durante a revolta de 1848.

EM VOLTA DE LA FENICE

Campo San Fantin

Vire à direita na Calle della Veste (sinalizada como Calle del Sartor da Veste), atravesse a ponte e entre no Campo San Fantin. Se estiver pronto para uma refeição rápida e saborosa, você pode parar no **Vino Vino**, ver 🍴①, um pouco antes da entrada no *campo*. À sua direita, fica a igreja de San Fantin, da Renascença tardia; à esquerda, o reconstruído **Teatro La Fenice** ❷ (Campo San Fantin; agende visita guiada na bilheteria ou pelo tel.: 041-2424; pago). Um dos teatros líricos mais belos do mundo, foi quase totalmente destruído por um incêndio em 1838, mas renasceu "como uma fênix" (*fenice*). O fogo o atingiu de novo em 1996. Desta vez, os restauradores acumularam dívidas enormes por não completar a obra a tempo, e dois eletricistas foram condenados por incêndio criminoso. Cada detalhe foi fielmente reproduzido e estão instaladas as mais modernas precauções contra incêndio. A reinauguração, em 2004, foi comemorada com uma apresentação de gala da *La Traviata*, de Verdi.

No limite norte da praça, fica o **Ateneo Veneto**, antiga sede da Scuola di San Girolamo, uma instituição de caridade que acompanhava criminosos ao cadafalso e cuidava para que tivessem um enterro decente.

Campo Santa Maria del Giglio

Siga a Calle de la Fenice, que fica à direita de quem está de frente para o teatro, vire à esquerda sob a colunata e atravesse a ponte. Vire à esquerda no pequeno Campiello dei Caleghieri, atravesse a ponte e siga pela Fondamenta della Fenice. A primeira à direita conduz ao **Campo Santa Maria del Giglio** ❸, cuja igreja de mesmo nome (2ª-sáb.; 10h-17h; igreja da Associação Chorus; pago), com toda sua ornamentação barroca e estatuária secular, estarreceu o historiador da arte John Ruskin. A igreja tem muitos quadros, incluindo a *Madona com o Menino e São João*, de Rubens (na capela à direita).

Acima, da esquerda para a direita: interior de La Fenice, um dos teatros líricos mais famosos da Itália; Salizzada San Moisè, na elegante região comercial a oeste da Piazza San Marco.

Harry's Bar
O Harry's Bar, na Calle Vallerosa, é famoso por ter criado o Bellini, um coquetel clássico de polpa de pêssego e espumante *prosecco*. Há décadas, este bar lendário, mas deliberadamente discreto, atrai personalidades importantes, de Churchill e Chaplin a Bogart e Bacall, Fellini, Sinatra e Madonna.

Onde comer 🍴
① **VINO VINO**
San Marco 2007/A, Ponte delle Veste; tel.: 041-241 7688; diariamente; só dinheiro; €€
Charmoso anexo do restaurante Antico Martini, oferece uma excelente seleção de vinhos na taça, assim como um pequeno cardápio. O *risotto di pesce* (peixe) é um prato rápido e substancioso, mas por ser preparado tão depressa dá a impressão de que não é feito na hora.

Acima, da esquerda para a direita:
domingo de manhã no Campo Santo Stefano; *bacaro* da moda na região de San Marco.

Feira de Natal
Na última década, vem sendo realizada no Campo Santo Stefano uma tradicional feira de Natal que atrai a comunidade. Se você estiver na cidade em dezembro, passe para ouvir música e ver as barracas que vendem especialidades culinárias regionais e artesanato.

CAMPO SANTO STEFANO

Saia da praça pela direita, atravesse duas pontes e o Campo San Maurizio, seguindo a placa que indica a Accademia. Você vai sair no **Campo Santo Stefano**. Aprecie o movimento em um dos cafés ao ar livre, como **Le Café**, ver ❶❷. Lutas entre cães e touros eram realizadas na praça até o início do séc. XIX, quando vários espectadores morreram na queda de uma arquibancada. A bela igreja gótica de **Santo Stefano** ❹ (2ª-sáb., 10h-17h; dom., 13h-17h; pago para visita à sacristia) tem um esplêndido telhado em forma de quilha de navio e uma sacristia discreta com pinturas sombrias de Tintoretto.

No lado oeste do **Campo Puntolaguna** ❺ fica um centro de multimídia repleto de informações (tel.: 041-529 3582; <www.salve.it>; 2ª-6ª, 14h30-17h30), que defende o projeto Mose e outros projetos ambientais para salvar Veneza e a lagoa.

Perto do lado sul do *campo*, o imenso **Palazzo Pisani** ❻ abriga o conservatório de música. Logo depois do Campo San Vidal, desvie até a **ponte da Accademia**, para uma vista da igreja della Salute e do Grande Canal.

Volte para o Campo Santo Stefano e entre na estreita Calle delle Botteghe, em frente à igreja, que tem lojas, galerias e restaurantes, como o **Fiore**, ver ❶❸.

CAMPO SANT'ANGELO

Vire à direita na Ramo di Piscina para entrar na Piscina San Samuele. Suba os degraus e atravesse duas pontes para chegar ao Corte dell'Albero e ao acesso ao Grande Canal. Neste lugar, o cais ao lado da plataforma de desembarque de Sant'Angelo proporciona uma bela vista dos *palazzi* do outro lado do canal.

De volta ao Corte dell'Albero, entre na rua estreita do final da praça, atravesse a ponte e vire à direita na Calle degli Avvocati para chegar ao **Campo Sant'Angelo** ❼, uma região nobre de palácios, onde Casanova (*ver p. seguinte*) pregava suas peças maliciosas. Daqui, é impossível não notar a inclinação do campanário de Santo Stefano.

MUSEU FORTUNY

Vire à esquerda na Calle Spezier (sinalizada como Rialto). O desvio à esquerda, marcado no mapa, leva ao Palazzo Fortuny, de estilo gótico tardio, antigamente residência de Mariano Fortuny

---

Onde comer

❷ LE CAFÉ
San Marco 2797, Campo Santo Stefano; tel.: 041-523 7201; diariamente; €
Este café serve bolos deliciosos e também *panini* e *tremezzini*. É um bom lugar para tomar um *spritz* ao ar livre antes do jantar, enquanto aprecia o *campo*. Se estiver de visita nos meses mais frios, Le Café também oferece uma variedade de chás e chocolate quente.

❸ FIORE
San Marco 3461, Calle de le Botteghe; tel.: 041-523 5310; 4ª-2ª; €€
Não confunda com o carríssimo Da Fiore (*ver p. 119*). Esta *trattoria* rústica, mas aconchegante, tem bons preços, levando-se em conta o chique cenário. Ela se divide em *bacaro* (bar tradicional) e salão de refeições. No bar, há uma grande variedade de *cicchetti* saborosos. O restaurante pequeno, de 11 mesas, é especializado em cozinha veneziana, e o cardápio muda com as estações do ano. Se gostar de doces, finalize a refeição com um *sgroppino* – sorbet de limão com vodca e *prosecco*.

O artista, escultor e cenógrafo catalão veio para Veneza com 30 e poucos anos e passou o resto da vida neste palácio. Os vestidos plissados de seda pelos quais Fortuny é famoso viraram uma febre no início do séc. XX. Hoje, o palácio abriga o **Museo Fortuny** ❽ (Campo San Bento 3958; tel.: 041-520 0995; <www.museicivicivenez­iani.it>; 4ª-2ª, 10h-18h; pago), que expõe o ateliê e os tecidos de Fortuny, assim como obras de artistas contemporâneos, como Mark Rothko.

CAMPO MANIN

De volta à rota principal de Rialto, chega-se ao Campo Manin, dominado pela Cassa di Risparmio (caixa econômica). Daniele Manin, que liderou a revolta dos venezianos contra os austríacos em 1848, está de pé, de costas para o banco, olhando para a casa onde morava quando tramou a rebelião.

Scala Contarini

Entre na minúscula rua à direita do *campo*, com indicação para a **Scala Contarini del Bovolo** ❾ (Calle delle Locande 4299; fechada para restauração). No dialeto veneziano, *bovolo* significa concha de caracol, e esta joia de escada sobe em espiral pela fachada do Palazzo Contarini del Bovolo. Faça essa visita, mesmo durante a restauração. A melhor parte é o exterior.

DE VOLTA A SAN MARCO

Siga à direita, ao longo da Calle delle Locande, e à direita novamente na Calle dei Fuseri. Esse caminho o leva até a **Frezzeria**, uma rua comercial movimentada, que tem o nome dos fabricantes de flechas que tinham oficina aqui e já foi conhecida pelas prostitutas. Virando à esquerda, você estará de volta à Salizzada San Moisè, perto da Piazza San Marco.

Acima: o museu Fortuny (em cima e no centro); a Scala Contarini del Bovolo.

A Veneza de Casanova

Seu nome pode ser sinônimo de sedução, mas Casanova (1725-98) também não pode ser desprezado como trapaceiro no amor. Ele era aventureiro, jogador, soldado, espião, músico e homem de letras. Levou uma vida dissoluta, muito de acordo com a decadência de sua época. Em 1755, foi preso sob acusação de maçonaria e licenciosidade, mas arquitetou uma fuga ousada das notórias prisões do Palácio dos Doges. Então, passou a viver na clandestinidade até retornar a Veneza em 1774, como espião da Inquisição veneziana. A Veneza de Casanova está praticamente intacta: pode-se ver o lugar onde ele nasceu, na romântica região de San Samuele, ou visitar o Campo Sant'Angelo, onde ele se entregava a travessuras infantis, desamarrando gôndolas atracadas ou chamando parteiras e sacerdotes durante o sono, sob o pretexto de emergências imaginárias. De sua casa, era fácil chegar a pé aos melhores clubes e salões da cidade, incluindo as casas de jogos da Frezzeria, como o Ridotto, o cassino onde Casanova aprendeu sua profissão.

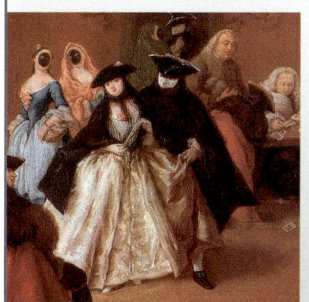

OS RECANTOS TRANQUILOS DE CASTELLO

Longe da agitação da Riva degli Schiavoni, Castello proporciona um pouco do cotidiano de Veneza. Vielas escuras desembocam em praças cheias de luz, ladeadas por algumas das igrejas mais bonitas da cidade.

Acima: o canal próximo a San Lorenzo; o campanário visto da Riva degli Schiavoni.

Freiras libertinas
É difícil associar o tranquilo Campo San Zaccaria a essa reputação sinistra de impostura e libertinagem. Três doges foram assassinados na vizinhança, e o mosteiro beneditino foi sinônimo de vida lasciva. Como as mulheres da nobreza eram mandadas para os conventos, são muitas as histórias de freiras libertinas.

DISTÂNCIA 1,5 km
DURAÇÃO 2-3 horas
INÍCIO Molo
FIM Santi Giovanni e Paolo
OBSERVAÇÕES
Este itinerário pode ser facilmente combinado com o itinerário 11 (feito ao contrário), se você fizer uma curta caminhada até Santa Maria dei Miracoli.

Localizado ao norte e a leste de San Marco, este *sestiere* é o maior de Veneza e oferece dois passeios. Este explora o lado oeste do bairro e inclui alguns dos mais belos tesouros artísticos e arquitetônicos da cidade. Começando na movimentada margem do canal, perto de San Marco, você avança aos poucos para o norte através de ruas e praças sossegadas até a grande igreja gótica de Santi Giovanni e Paolo (San Zanipolo).

O PÍER

Comece no **Molo** ❶, o movimentado píer ao sul do Palácio dos Doges, onde multidões admiram a vista até a ilha de San Giorgio Maggiore. Abra caminho entre as barracas de suvenir e atravesse a Ponte della Paglia. Olhe à esquerda para a **Ponte dei Sospiri** (*ver p. 34*).

Riva degli Schiavoni
Agora, atravesse a ponte até a **Riva degli Schiavoni**, o calçadão que contorna o *sestiere* de Castello e que recebeu esse nome em homenagem aos marinheiros dalmacianos que costumavam ancorar barcos e barcaças comerciais ao longo da margem. Ainda hoje, é um local de atividade intensa, pois os *vaporetti*, os *motoscafi*, as barcas, os rebocadores e os navios de cruzeiro atracam nos cais e as balsas passam fazendo barulho em direção às ilhas. A Riva é ladeada por hotéis excelentes. O **hotel Danieli** (*ver p. 32 e 112*) é o que tem mais história. Preferido por Wagner, Dickens, Proust e Balzac, ainda atrai os ricos e famosos.

SAN ZACCARIA

Atravesse as colunatas da Ponte del Vin e vire a segunda à esquerda, sob o *sottoportego* (passagem coberta) que sinaliza o caminho até San Zaccaria. Você vai sair num *campo* sossegado e verá a fachada, parte gótica, parte renascentista, da igreja de **San Zaccaria** ❷ (Campo San Zaccaria 4693; 2ª-sáb., 10h-12h, 16h-18h; dom., 16h-18h; pago). A parte superior, do importante arquiteto renascentista Mauro Coducci, foi restaurada recentemente. No séc. XVI, o convento ao lado era famoso por suas freiras libertinas e amorais.

No interior da igreja, comece pelas capelas e pela cripta. A capela de Santo Atanásio, com pinturas de Palma, o Velho, Ticiano e Tintoretto, leva à capela de São Tarásio, o antigo coro. A família Vivarini foi responsável pelos gloriosos retábulos, com suas molduras douradas e enfeitadas, um belo exemplo da pintura gótica que estava em voga antes da Renascença em Veneza. A cripta, frequentemente inundada, fica embaixo.

A obra de arte mais importante – a esplêndida *Sacra conversazione* de Giovanni Bellini – fica na igreja principal, acima do primeiro retábulo à esquerda. É um dos quadros mais belos em toda a cidade, no qual Bellini criou um novo tipo de pintura sacra: não baseada numa história da *Bíblia*, mas numa cena onde figuras serenas e meditativas se reúnem para uma "conversação sagrada" e são integradas por sombras suaves e matizes ricos e delicados.

SAN GIORGIO DEGLI SCHIAVONI

Saia da igreja e deixe a praça pelo arco. Vire à direita no Campo San Provolo e passe pelo *sottoportego* até chegar ao charmoso cais de **Fondamenta dell'Osmarin**. Do outro lado do canal fica o Palazzo Priuli, de tijolos avermelhados, um belo palácio de estilo gótico veneziano. No fim do canal, atravesse as duas pontes e olhe à direita, para a igreja ortodoxa grega de **San Giorgio dei Greci**, que se distingue por sua cúpula e seu campanário alto e inclinado. Entre numa estreita viela logo em frente, passe pelo Campiello della Fraterna à esquerda e saia na Salizzada dei Greci. Se a fome bater, a **Trattoria da Remigio**, ver ⑪①, é uma boa opção para um almoço ao estilo local.

Acima, da esquerda para a direita:
gôndolas atracadas ao longo da Riva degli Schiavoni; Campo Santa Maria Formosa (ver p. 52).

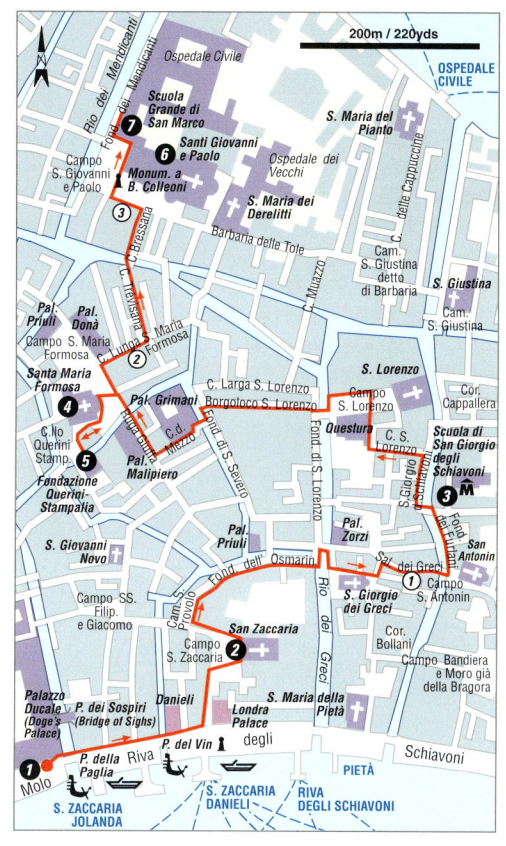

SAN GIORGIO DEGLI SCHIAVONI

Monumento a um mercenário

Em seu testamento, o rico e famoso *condottiere* Bartolomeo Colleoni oferecia à cidade de Veneza uma enorme soma de dinheiro, se ela o homenageasse com um monumento equestre "em frente de São Marcos". Isso era contra a tradição veneziana, mas, ávido para colocar as mãos na fortuna do mercenário, o governo encontrou uma solução: já que o testamento não especificava a Basilica di San Marco, a estátua ficaria em frente à Scuola Grande di San Marco.

No final da rua, atravesse a ponte e vire à esquerda. Siga o canal, acompanhando a Fondamenta dei Furlani até a **Scuola di San Giorgio degli Schiavoni** ❸ (Calle dei Furlani 3259A; abr.-out., 3ª-sáb., 9h30-12h30, 15h30-18h30; dom., 9h30-12h30; nov.-mar., 3ª-sáb., 10h-12h30, 15h-18h; dom., 10h-12h30; pago) fundada pelos eslavos da Dalmácia a fim de proteger sua comunidade em Veneza. A minúscula *scuola* é decorada com um delicado friso de pinturas de Carpaccio ilustrando a vida dos santos padroeiros da Dalmácia, São Jorge, São Trifão e São Jerônimo. As cenas são ricas em cor, vívidas e detalhadas, dando uma boa ideia de como era a vida em Veneza no começo do séc. XVI.

SANTA MARIA FORMOSA

Saindo da *scuola*, atravesse a ponte e vire à direita, seguindo o canal para o norte. Pouco antes de um pórtico, vire à esquerda na Calle San Lorenzo, para chegar à igreja de **San Lorenzo**, hoje um asilo. Diz-se que Marco Polo foi enterrado aqui, mas seu túmulo teria se perdido quando a igreja foi reconstruída em 1592. Atravesse a ponte no outro lado da praça, vire à direita e, em seguida, a primeira à esquerda em Borgoloco San Lorenzo. Atravesse o canal de San Severo, parando na ponte para apreciar alguns belos *palazzi*, passe pelo *sottoportego* escuro e estreito, continue em frente e vire à direita no encantador **Campo di Santa Maria Formosa**. Esta praça ampla e charmosa, que já foi arena de lutas entre cães e touros e palco de bailes de máscaras, é repleta de traços da vida veneziana, com barracas de mercado e cafés ao ar livre. É ladeada por *palazzi* e dominada pelas volumosas absides da igreja de **Santa Maria Formosa** ❹ (2ª-sáb., 10h-17h; dom., 13h-17h; pago), um projeto de Coducci. Os amantes da arte não podem deixar de ver o políptico de Palma, o Velho, que representa *Santa Bárbara e santos* e adorna a capela da Scuola dei Bombardieri. O mesmo artista pintou retratos de Francesco e Paolo Querini, que construíram o palácio Querini-Stampalia, no sul da praça, no séc. XVI. Hoje, o edifício abriga a **Fondazione Querini-Stampalia** ❺ (3ª-dom., 10h-18h; 6ª-sáb. até 22h; pago), com uma pequena e agradável galeria de pintura veneziana, biblioteca, jardim e café.

Se estiver pronto para o almoço, as pizzarias da praça oferecem um ambiente alegre ao ar livre. Para uma refeição mais autêntica, experimente **Al Mascaròn**, ver 🍴②, na Calle Lunga Santa Maria Formosa.

Entre na minúscula rua quase em frente ao Al Mascaròn, atravesse o tranquilo canal e siga em frente até o Campo Santi Giovanni e Paolo.

CAMPO SAN ZANIPOLO

A igreja de **Santi Giovanni e Paolo** ❻ (diariamente, 7h30-12h30, 15h30-19h30; pago) é mais conhecida como San Zanipolo. Este imenso edifício de alvenaria compete com os Frari pelo título de maior igreja gótica de Veneza. Sua forma altaneira e austera tem um impacto dramático. Conhecida como Panteão de Veneza, abriga os túmulos de 25 doges. É impossível identificá-los sem um guia detalhado ou sem o folheto oficial, disponível na sacristia. O mais belo de todos é o *Monumento ao doge Andrea Vendramin* (1476-8), de Tullio Lombardo, no lado esquerdo da abside. Entre as pinturas a destacar, estão o políptico *São Vicente Ferrer*, de Giovanni Bellini, sobre o segundo altar à direita, e as pinturas de Veronese no teto da Capela do Rosário.

Scuola Grande di San Marco

A fachada sem adornos de Zanipolo é ladeada pela ornamentada **Scuola Grande di San Marco** ❼, que já foi local de reunião de mercadores de seda e ourives e, hoje, é um hospital público (normalmente, as ambulâncias ficam atracadas no canal vizinho). Tente encontrar os arcos *trompe l'oeil* que enquadram leões que parecem estar olhando do interior de profundos pórticos renascentistas – na verdade, eles têm apenas 15 cm de profundidade. Bem perto, num pedestal, fica uma das mais belas esculturas da Renascença, a **estátua equestre de Bartolomeo Colleoni**, de Verrocchio (*ver margem oposta*).

No fim de seu passeio, observe as pessoas na praça, sentando-se no **Antico Caffè Rosa Salva**, ver ⓘ③, famoso por seus deliciosos doces e pelo *gelato* caseiro.

Acima, da esquerda para a direita: janelas coloridas perto de Santa Maria Formosa; vitral na igreja de Santi Giovanni e Paolo.

Abaixo, à esquerda: dia de lavar roupa em Castello.

Onde comer

① TRATTORIA DA REMIGIO
Castello 3416, Salizzada dei Greci; tel.: 041-523 0089; 4ª-2ª de manhã; €€

Antigamente, era uma *trattoria* simples. Ainda é um local muito procurado pelos moradores, mas já não é segredo. Fica numa área recém-revitalizada. O cardápio autêntico inclui carne e peixe grelhado. O nhoque é especialidade da casa. É necessário reservar.

② AL MASCARÒN
Castello 5225, Calle Lunga Santa Maria Formosa; tel.: 041-522 5995; 2ª-sáb.; €€

Uma *osteria* discreta, à moda antiga, refeições leves bem preparadas, peixes excelentes, vinhos finos e muitos habitantes do lugar. Experimente os *antipasti* frescos, a sopa de feijão e o grelhado misto; guarde lugar para os deliciosos biscoitos de Burano mergulhados em vinho de sobremesa.

③ ANTICO CAFFÈ ROSA SALVA
Castello 6779, Campo Santi Giovanni e Paolo; tel.: 041-522 7949; diariamente; €

Filial da famosa *pasticceria*, que funciona desde 1879. Você pode escolher entre sanduíches frios e quentes, para um almoço leve na praça, ou doces deliciosos. Melhor ainda, deleite-se com os sorvetes caseiros, como Coppa Golosa (3 bolas, salada de frutas, chantili e calda de morango).

A EXTENSÃO LESTE DE CASTELLO

Este passeio calmo o conduz pela região leste de Castello, uma área comum, distante da multidão enlouquecida de San Marco, e inclui uma variedade de atrações menos conhecidas.

DISTÂNCIA 2,5 km
DURAÇÃO 2 horas
INÍCIO Plataforma de desembarque Arsenale
FIM Plataforma de desembarque Giardini
OBSERVAÇÕES
Entre o Arsenale, o Museo Storico Navale e os Giardini Pubblici, este itinerário é ótimo para famílias. Chega-se à plataforma Arsenale pegando os *vaporetti* 1 e 2.

Para crianças
Se estiver viajando com crianças, os jardins da Bienal são uma boa oportunidade para ver um pouco de verde e espaço aberto. Os jardins têm um *playground* pequeno, com balanços e jogos, incluindo mesas de pingue-pongue (mas você tem de levar as raquetes e a bolinha).

Como esta região de Veneza raramente está cheia, exceto durante a Bienal, este itinerário é perfeito para quem quer fugir das aglomerações. Começa no Arsenale, onde as grandes galeras venezianas foram construídas, continua em San Pietro di Castello, a antiga catedral de Veneza, e termina nos Giardini Pubblici, onde acontece a Bienal de arte contemporânea.

ARSENALE

Da **plataforma de desembarque Arsenale** ❶, a leste de San Marco, vire à direita (de frente para o interior), atravesse a ponte e vire imediatamente à esquerda. Pare na ponte de madeira sobre o Rio dell'Arsenale, para apreciar a melhor vista da entrada do **Arsenale** ❷, o velho estaleiro veneziano que se tornou símbolo do poderio marítimo da cidade (*ver quadro na p. 56*). Marcando a entrada do estaleiro há um belo portal renascentista guardado por dois leões de pedra roubados de Pireu, o grande estaleiro de Atenas, na Grécia. Ao lado desse arco triunfal, há um relevo de Dante e uma placa que registra a referência que ele fez ao Arsenale na *Divina comédia* – o escritor esteve aqui em 1306 e 1321.

Museu de História Naval
De volta à margem principal, encontra-se o sisudo **Museo Storico Navale** ❸ (Campo San Biagio; tel.: 041-520 0276; 2ª-6ª, 8h45-13h30; sáb., 8h45-13h; pago). Dado o intrigante caráter inapreensível do Arsenale, o Museu de História Naval é o único lugar onde se pode apreciar por completo a grandeza marítima de Veneza. No passado, o edi-

Onde comer
① EL REFOLO
Castello 1580, Via Garibaldi; 3ª-dom.; €
Esta *enoteca* é do tamanho de um *closet* grande, mas o que lhe falta em espaço sobra em charme e variedade. Boa seleção de vinhos e de pratos típicos, como *bigoli in salsa* (massa de trigo-sarraceno com molho de anchovas e cebolas). Uma clientela muito local, que fica de pé no bar ou na Via Garibaldi.

fício do séc. XVI foi usado como celeiro naval e armazém de biscoitos. Modelos da habilidade veneziana incluem as gôndolas originais, completas com *felze* ou cabine (o "abrigo de doces pecados"), e uma réplica do luxuoso *Bucintoro*, a barca oficial do doge.

AO REDOR DA VIA GARIBALDI

Depois da ponte seguinte, vire na direção do interior para chegar à **Via Garibaldi** ❹, a rua mais larga de Veneza. Ela foi criada por Napoleão em 1808, com o aterro do canal. A rua é ladeada de mercearias simples, barracas de alimentos, bares e restaurantes convidativos. Se estiver procurando um lugar para tomar uma taça de vinho, experimente o pequeno **El Refolo**, ver ⑪①, onde os clientes se espalham pela rua. À direita, logo se chega à extremidade negligenciada dos **Giardini Pubblici** (jardins públicos), que têm na frente um monumento de bronze do líder revolucionário Garibaldi. Siga em frente até Rio di Sant'Anna, onde você vai encontrar uma barca colorida que vende verduras e legumes – um dos últimos mercados flutuantes da cidade. Vire na primeira à esquerda (sinalizada como Calle San Gioachino). Atravesse a ponte que dá na Calle Riello e vire à esquerda para chegar ao Campo di Ruga; depois da praça na Salizzada Stretta, vire a segunda à direita e atravesse a ponte até a ilha de San Pietro.

ILHA DE SAN PIETRO DI CASTELLO

O bonito e perigosamente inclinado campanário à sua frente é obra de Mauro Coducci, realizada entre 1482-88. É a torre do sino de **San Pietro di Castello** ❺ (2ª-sáb., 10h-17h; dom., 13h-17h; igreja da Associação Chorus;

Acima, da esquerda para a direita: Museo Storico Navale; ruas secundárias no leste de Castello.

Acima: os leões do Arsenale; o Canal d'Arsenale e a entrada do antigo estaleiro veneziano.

Grandes exploradores
Na Via Garibaldi, a primeira casa à direita foi dos exploradores italianos Giovanni Caboto (John Cabot) e seu filho Sebastiano, que descobriram para a coroa inglesa a costa do Labrador na Terra Nova (na época, considerada a costa da China).

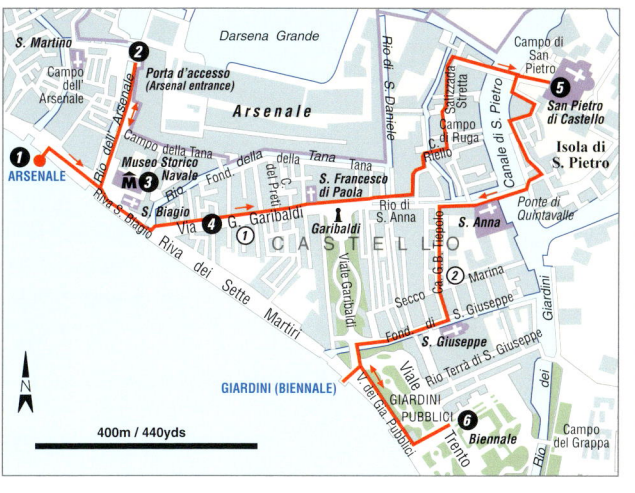

Acima, da esquerda para a direita: roupa no varal e casas no canal próximo ao Arsenale; Santa Maria della Salute, uma atração do itinerário de Dorsoduro.

pago). Hoje, parece incrível que esta igreja tenha sido o centro do poder religioso em Veneza. Ela foi construída com base num desenho de Palladio em 1557, no local de um antigo castelo (daí, "Castello"). Foi a catedral de Veneza até 1807, quando o bispo (mais tarde, patriarca) foi transferido para a Basilica di San Marco.

Pegue o caminho atrás do campanário e atravesse novamente o Canale di San Pietro pela Ponte di Quintavalle. Daqui, você pode ver estaleiros e barcos de pesca. Passe pelas ruínas da antiga igreja e mosteiro de **Sant'Anna**, à esquerda, e vire a primeira à esquerda na Calle G. B. Tiepolo (que, vista da rua, está assinalada como Campiello Correra).

Continue em frente e vire à esquerda em Seco Marina, onde fica o restaurante preferido da região, **Dai Tosi**, ver ⑪②, um bom lugar para almoçar. Esta é uma região de trabalhadores e é provável que você tenha mais a companhia de moradores do que de turistas.

Na Fondamenta San Giuseppe, vire à direita e vá para o sul até a margem do canal principal e os Giardini Pubblici. Quem gosta de barcos vai se divertir aqui, com gôndolas, rebocadores, iates e grandes balsas do Lido e navios de cruzeiro marítimo.

Onde comer

② DAI TOSI
Castello 738, Seco Marina; tel.: 041-523 7102; 5ª-3ª; €
Uma *trattoria* e pizzaria simples e agradável, com mesas no jardim durante o verão. Está convenientemente localizada perto da Biennale e tem serviço de pizza para viagem. Se quiser algo diferente de pizza, experimente o espaguete com camarão.

Marinha de guerra

A palavra *arsenale* deriva do árabe *darsina'a*, casa de indústria ou oficina, uma descrição mais que adequada para esta linha de produção veneziana. O Arsenale era uma cidade dentro da cidade, cercado por 3 km de muralhas, com docas secas e molhadas e armazéns de material bélico invejados no exterior. Era também área militar. No auge, foi o maior estaleiro do mundo, com 16 mil *arsenalotti* produzindo galeras em grande quantidade. O tempo de produção mais rápido foi registrado em 1574, quando Henrique III da França visitou a cidade. Os trabalhadores construíram uma galera inteira durante o tempo que ele passou num banquete de Estado. O estaleiro foi destruído por Napoleão no final do séc. XVIII, e os canhões e artigos de bronze foram fundidos para criar monumentos comemorativos à Revolução Francesa. Infelizmente, a maior parte do Arsenale está fechada ao público. No entanto, se você estiver aqui durante a Bienal (ver p. 31), pode visitar a imensa Corderie (fábrica de cordame) e outros armazéns restaurados, que, na verdade, são usados para exposição de arte moderna.

A BIENAL

Se estiver na cidade entre junho e novembro de um ano ímpar, junte-se aos amantes da arte na **Biennale** ❻, uma atração do calendário artístico internacional. Mais de 30 pavilhões permanentes no interior dos jardins exibem arte contemporânea de diferentes países. Embora fiquem vazios em boa parte do tempo, pelo menos nessa época esses pavilhões são usados para outros eventos temporários, como a Biennale dell'Architettura, que se realiza entre setembro e novembro dos anos pares.

Na plataforma dos Giardini, você pode pegar um *vaporetto* n. 2 para oeste e apreciar a sublime vista na viagem de volta a San Marco.

DORSODURO

Caminhe ao longo do cais das Zattere, visite galerias no sofisticado leste de Dorsoduro e, depois, desvie para uma das praças mais animadas de Veneza. Termine deixando para trás os caminhos mais explorados pelos turistas e visitando duas das igrejas mais bonitas da região.

Dorsoduro significa "costas duras", e é chamado assim porque este bairro ocupa a maior área de terra firme de Veneza. É o bairro mais agradável para caminhar, com paredes com glicínias, jardins secretos e uma arquitetura característica. Exceto na Accademia e na igreja della Salute, não há turistas. O prolongamento sul das Zattere é o calçadão mais encantador de Veneza.

> **DISTÂNCIA** 3,5 km
> **DURAÇÃO** 4-5 horas
> **INÍCIO** Plataforma de desembarque Zattere
> **FIM** Plataforma de desembarque San Basilio
> **OBSERVAÇÕES**
> Este itinerário pode ser combinado com o de San Giorgio e Giudecca (itinerário 8), pegando o *vaporetto* n. 2 da parada Giudecca Palanca até as Zattere.

AS ZATTERE

Comece na **plataforma de desembarque Zattere** ❶, que é servida pelo *vaporetto* n. 2 e também pelo 51 e 52, que partem da estação. As Zattere, que significa plataformas flutuantes, são um cais comprido e espaçoso, cujos cafés ao ar livre e a vista do canal vão seduzir você. Se quiser tomar sorvete, pare no **Nico**, ver 🍴①. Daqui, vire à direita na Fondamenta Nani, que proporciona uma boa vista do **Squero di San Trovaso** ❷, do outro lado do canal, uma das últimas oficinas de gôndola ainda em atividade. A construção de uma gôndola é muito complexa: utilizam-se 280 pranchas, provenientes do corte de 9 tipos de madeira. Os barcos vêm aqui para raspagem, alcatroamento e revisão – mas, como nos outros *squeri*, apenas 4 gôndolas novas são construídas por ano aqui. Os artesãos costumavam ser nativos das Dolomitas, daí a aparência alpina do *squero*.

A próxima parada nas Zattere é a igreja dos **Gesuati** ❸ (Fondamenta Zattere ai Gesuati; 2ª-sáb., 10h-17h; igreja da Associação Chorus; ver p. 13; pago), logo a leste da plataforma de desembarque. Essa igreja grandiosa é um exemplo soberbo da arquitetura veneziana do séc. XVIII, que tem obras-primas de Tiepolo (1739) em seu lugar

> **Onde comer**
> ① **NICO**
> Dorsoduro 922, Zattere; tel.: 041-522 5293; 6ª-4ª; €
> O Nico é um dos melhores lugares para um *gelato*, especializado no cruelmente calórico *gianduiotto* (chocolate com creme de avelã e chantili). Há algumas mesas do lado de fora, se quiser tomar um sorvete apreciando a vista.

Acima: uma Veneza de ritmo caseiro e lento; detalhe do púlpito, o anjo Rafael, Dorsoduro.

Artesãos das gôndolas

El Felze é uma associação de artesãos de gôndolas. Fundada por Roberto Tramontin, proprietário do *squero* Trovaso, organiza eventos, e seu site (<www.elfelze.com>) é o mapa para informações sobre o projeto e a construção de gôndolas; também tem endereços de oficinas de gôndolas.

Festa della Madonna
Na Festa da Salute, realizada todos os anos em 21 de novembro, uma ponte de madeira é colocada temporariamente sobre o Grande Canal, para ligar a basílica della Salute com o bairro de San Marco. Seguindo a tradição, os venezianos atravessam essa ponte para prestar homenagem à Virgem Maria e pedir boa saúde.

original. Mais adiante fica **La Calcina Pensione**, também conhecida como Casa de Ruskin, o historiador da arte que se hospedou aqui quando ela era uma pensão simples, frequentada por artistas.

Siga o cais, passe pela Casa degli Incurabili, um antigo hospício, hoje abrigo de crianças, pela igreja do Spirito Santo (invariavelmente fechada) e pelos Magazzini del Sale (armazéns de sal), usados para exposições de arte. Para restaurar as energias, pare no **Linea d'Ombra**, ver ⑪②.

PUNTA DELLA DOGANA

Na ponta da península fica a **Dogana di Mare** ❹, a alfândega do séc. XVII, que esteve em restauração para ser transformada em galeria de exibição de 140 obras da coleção de arte contemporânea do magnata francês François Pinault (ver p. 40). De frente para a baía de São Marcos, uma torre de esquina com pórtico é coroada por dois Atlas de bronze, que carregam um globo dourado, com a figura da Fortuna num catavento empoleirado no alto.

SANTA MARIA DELLA SALUTE

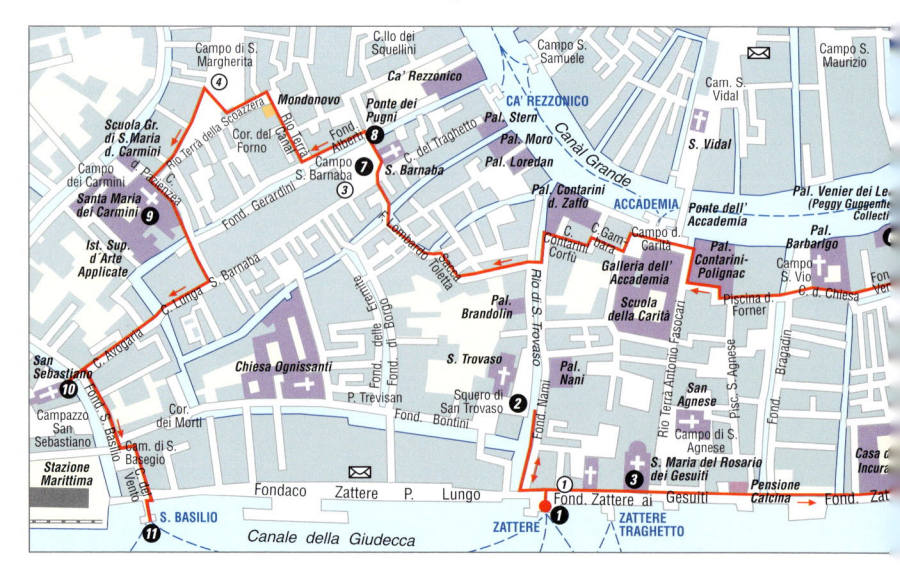

Contornando a península, chega-se à monumental igreja de Longhena, a **Santa Maria della Salute** ❺ (Campo della Salute; 9h-12h, 15h-18h30, até 17h30 no inverno; igreja, grátis; sacristia, paga), erguida para comemorar o fim da peste de 1630 em Veneza. Uma igreja barroca de proporções enormes, que levou mais de meio século para ser construída e é sustentada por mais de 1 milhão de estacas de madeira. Em comparação com a exuberância da fachada, o interior cinza e branco é surpreendentemente austero. Os destaques são as obras de Tintoretto e Ticiano na sacristia (geralmente, só abre à tarde).

GUGGENHEIM

De volta ao Campo della Salute, atravesse a minúscula ponte (que indica Guggenheim Collection) para o Campo San Gregorio, onde a igreja gótica desconsagrada de **San Gregorio** é hoje utilizada como oficina de restauração de pinturas. Continue até o pequeno Campiello Barbaro, dominado pelo mal-afortunado Palazzo Dario (*ver p. 41*), e atravesse a ponte para o Palazzo Venier dei Leoni, que abriga a **coleção de Peggy Guggenheim** ❻ (entre na Calle S. Cristoforo ou Fondamenta Venier dei Leoni 701; tel.: 041-240 5411; <www.guggenheim-venice.it>; 4ª-2ª, 10h-18h; pago), a excêntrica herdeira americana que comprou o palácio em 1949 e aqui morou até morrer.

A galeria mais visitada da cidade depois da Accademia tem em seu acervo obras de quase todos os movimentos da arte moderna do séc. XX. A maioria delas veio direto de seus artistas, muitos dos quais Peggy Guggenheim protegia, auxiliava e recebia em casa. No caso de Max Ernst, ela também se casou com ele. Picasso, Pollock, Magritte, Mondrian, Brancusi e Giacometti são apenas alguns desses nomes. A coleção não é grande, mas é um lugar claro, arejado e acolhedor, com telas bem expostas, um jardim de esculturas e um bom café.

CAMPO SAN VIO

Seguindo para leste, ao longo da Fondamenta Venier dei Leoni, chega-se ao **Campo San Vio**, onde é possível sentar-se num banco e apreciar o movimento no Grande Canal. Uma pequena caminhada leva até o Campo della Carità e a **Accademia** (*tema do itinerário 3; ver p. 42*), um tesouro de arte veneziana que você deve reservar para outro dia.

Acima, da esquerda para a direita: a Punta della Dogana; a Giudecca vista de Dorsoduro.

Jardim Guggenheim
Os jardins circundados por esculturas no museu de arte Peggy Guggenheim têm obras de Henry Moore e Marino Marini. No jardim, também estão as cinzas de Peggy Guggenheim, perto do local onde ela enterrou seus cachorrinhos da raça lhasa apso: Cappucino (1949-53), Pegeen (1951-3), Peacock (1952-3), Toro (1954-7), Madam Butterfly (1954-8), Foglia (1956-8), Baby (1949-59), Emily (1945-60), White Angel (1945-60), Sir Herbert (1952-65), Sable (1958-73), Gypsy (1961-75), Hong Kong (1964-78) e Cellida (1964-79).

Onde comer
❷ LINEA D'OMBRA
Dorsoduro 19, Ponte dell'Umiltà, Zattere; tel.: 041-520 4720; 5ª-3ª; €€€
De frente para igreja de Il Redentore na Giudecca, este romântico restaurante e bar de vinho é perfeito numa noite de verão. Serve clássicos venezianos em novas versões, com bons vinhos. No verão, faça reserva.

Acima: oficina de gôndolas no rio San Trovaso, Dorsoduro; os claustros de San Giorgio Maggiore vistos de cima.

Mercado flutuante
Do outro lado da Ponte dei Pugni, pode-se ver uma barcaça colorida cheia de frutas e verduras frescas – um dos últimos mercados flutuantes de Veneza.

O OESTE DE DORSODURO

Atravessando o Campo della Carità, ande em zigue-zague pelas ruas atrás da Accademia e atravesse o Rio di San Trovaso na primeira ponte. Siga o fluxo até o **Campo San Barnaba** ❼, passando por pequenas lojas e ateliês de artesãos. Este *campo* antigamente era uma região de nobres empobrecidos. Você pode parar para o almoço no **Oniga**, ver 🍴③, que fica na praça.

Ponte dos Punhos

Saia pelo norte da praça, virando à esquerda na Fondamenta Gerardini e atravessando a primeira ponte, conhecida como **Ponte dei Pugni** ❽. As pegadas de mármore na ponte marcam o lugar onde se iniciavam as brigas entre os Nicolotti, habitantes da paróquia de San Nicolò, e os Castellani, de Castello. Originalmente, não havia corrimão na ponte e os oponentes se jogavam no canal. Depois de muitas mortes, as brigas foram banidas em 1705.

Carmini

Continue reto pelo rio Terrà Canal, o qual te fará passar pela loja de máscaras **Mondonovo**, no n. 3063. No fim da rua, vire à esquerda, para sair no Campo di Santa Margherita. Esta praça retangular é agitada pela vida local e, geralmente, fica cheia de estudantes da vizinha Universidade Ca' Foscari. O **Bar Rosso**, ver 🍴④, é ótimo para um *spritz* tarde da noite.

Na extremidade da praça fica a igreja e *scuola* dos **Carmini** ❾ (Campo Carmini; igreja: 2ª-sáb., 14h30-17h30; grátis; *scuola*: diariamente, 10h-17h; pago). A *scuola* abriga a sensacional pintura de teto de Tiepolo *São Simão Stock recebendo da Virgem o escapulário da ordem carmelita*.

São Sebastião

Saindo da igreja, entre direto na Calle della Pazienza, atravesse a primeira ponte e vire à direita na Calle Lunga San Barnaba, que leva à igreja de **San Sebastiano** ❿ (Campo San Sebastiano; 2ª-sáb., 10h-17h; grátis), à qual se chega por uma minúscula ponte. A igreja é praticamente um museu de Paolo Veronese: o teto, o friso, o coro, o altar, as portas do órgão e a sacristia, tudo é decorado com as obras de arte intensas e alegres do artista. Esta era a paróquia frequentada por Veronese e ele está enterrado aqui.

Atravesse a ponte para sair da praça e siga a Fondamenta San Basilio para o sul até as Zattere. Um *vaporetto* n. 2 de **San Basilio** ⓫ levará você de volta a San Marco ou, via Stazione Marittima, para o norte da cidade.

Onde comer 🍴

③ ONIGA
Dorsoduro 2852, Campo San Barnaba; tel.: 041-522 4410; 4ª-2ª; €€
Um restaurante pequeno e simpático, com cardápio de preço acessível e mesas na praça. O cardápio sazonal inclui tanto especialidades venezianas como boas opções vegetarianas.

④ BAR ROSSO
Dorsoduro 2963, Campo di Santa Margherita; tel.: 041-528 7998; diariamente; €
Um dos bares mais famosos da praça, ótimo para *panini* ou sanduíches quentes durante o dia. À noite, é uma balada muito apreciada pelos universitários e um lugar animado para um *spritz*.

SAN GIORGIO MAGGIORE E GIUDECCA

Aprecie a vista de marcos conhecidos de Veneza, conforme o ruidoso vaporetto atravessa o canal de San Marco até a ilha de San Giorgio Maggiore. Depois, siga para a Giudecca, admirando a vista do canal da Giudecca e da bela arquitetura de Palladio.

San Giorgio é a ilha da lagoa mais próxima da cidade e a única sem comércio. Visto de longe, o majestoso mosteiro parece suspenso na água, com sua linda igreja *palladiana*, combinada com um campanário inspirado no de San Marco. Com a torre barroca de La Salute, esses dois grandes símbolos protegem a enseada interior de Veneza. A Giudecca, perto de Dorsoduro, também é celebrada por sua igreja *palladiana*. Já a casa gótica de Elton John é um acréscimo mais recente à lista de atrações. A gente do lugar credita ao astro do *rock* o renasci-

DISTÂNCIA 3 km
DURAÇÃO 2 horas
INÍCIO *Vaporretto* San Zaccaria
FIM *Vaporretto* Giudecca--Palanca
OBSERVAÇÕES
Este itinerário é especialmente agradável do final da tarde ao início da noite, para ver o pôr do sol do outro lado do canal da Giudecca. Mas preste atenção à hora, para que você também possa visitar o interior das igrejas.

Comunidade judaica
O nome Giudecca deriva da comunidade judaica que vivia aqui ou da palavra *giudicati* (julgado), dos tempos em que nobres importunos eram exilados aqui.

Abaixo:
vista de San Giorgio Maggiore sobre o Grande Canal.

MAPA NA P. 62 • SAN GIORGIO MAGGIORE E GIUDECCA **61**

O sétimo *sestiere*
Tradicionalmente, os seis *pettini* (pentes ou dentes) da proa de uma gôndola representam os seis *sestieri* de Veneza. A Giudecca é representada como sétimo *sestiere* por um dente longo que aponta para dentro do barco.

mento por que vem passando este antigo bairro operário, com a restauração de prédios residenciais e industriais.

SAN GIORGIO MAGGIORE

Um passeio curto no *vaporetto* n. 2 (em sentido horário) liga a plataforma de desembarque de **San Zaccaria** ❶, perto de San Marco, a San Giorgio Maggiore. A ilha foi cedida aos beneditinos no séc. X, e seu mosteiro foi um dos mais importantes da cidade. Vista de San Marco, a ilha é como um palco montado na enseada interior e se destaca por seu alto campanário. O *vaporetto* vai deixar você exatamente em frente à igreja, que tem uma fachada tipicamente *palladiana*, inspirada num templo antigo.

Iniciada por Palladio em 1566 e concluída após sua morte, em 1610, **San Giorgio Maggiore** ❷ (mai.-set., 9h30-12h30, 14h30-18h30; out.-abr., até 16h30; igreja, grátis; torre do sino, paga) é fresca, espaçosa e de proporções perfeitas. Também abriga duas obras poderosas de Tintoretto, *A última ceia* e *A colheita do maná*, ambas executadas quando o pintor tinha mais de 80 anos. Para apreciar um dos panoramas mais impressionantes de Veneza, peça a um monge que leve você de elevador ao topo do campanário. A vista é ainda mais espetacular do que aquela que se tem da Piazza San Marco sobre as águas do canal.

FONDAZIONE CINI

Saindo da igreja, vire à direita para sair do *campo* e siga a *fondamenta* sem nome até chegar ao mosteiro adjacente, projetado por Palladio, onde hoje funciona a **Fondazione Cini** ❸ (visitas sáb.-dom., 10h; tel.: 041-271 0229; <www.cini.it>). O edifício abriga uma fundação para o estudo da civilização veneziana e também exposições de arte contemporânea, concertos, filmes e palestras. Nas visitas guiadas, pode-se conhecer o refeitório coberto por abóbadas de aresta, a biblioteca de Longhena e o claustro dos ciprestes, de

Palladio. Os claustros levam aos jardins do mosteiro e ao Teatro Verde, ao ar livre; este cenário bucólico é um palco sugestivo para os concertos de verão.

A GIUDECCA

Pegue um *vaporetto* n. 2 que esteja indo para oeste – eles passam a cada 10 min. mais ou menos. O barco faz três paradas na ilha La Giudecca. Este subúrbio operário de Veneza está passando por uma revitalização gradual, de fábricas, casas e palácios. Apartamentos chiques são vendidos para estrangeiros e artistas.

Zitelle
Desembarque na primeira parada, Zitelle, logo em frente à igreja homônima. As **Zitelle** ❹ (Fondamenta delle Zitelle; dom., 10h, somente para missa) foram projetadas por Palladio, mas concluídas apenas após sua morte. Os edifícios adjacentes, que hoje compõem o hotel Bauer Palladio, originalmente ofereciam abrigo para mulheres jovens sem dote e lá elas aprendiam a fazer renda. Atrás das Zitelle fica o luxuoso hotel Cipriani (*ver p. 115*), ao qual normalmente se chega em embarcação particular.

Casa de Maria
À direita da igreja, está o edifício mais inovador da Giudecca, a **Casa de Maria** ❺. Construído entre 1910 e 1913, recebeu o nome de seu arquiteto, um pintor de Bolonha chamado Mario de Maria. A fachada de tijolos formando padrões de losangos repetidos lembra o Palácio dos Doges; já as três janelas luminosas são um híbrido moderno da arquitetura gótica veneziana tradicional. Continue para oeste na *fondamenta* até chegar a **I Figli delle Stelle**, ver ⑪①, uma boa parada para o almoço.

Onde comer
① **I FIGLI DELLE STELLE**
Giudecca 70/71, Fondamenta delle Zitelle; tel.: 041-523 0004; 3ª-dom.; almoço; €€
Restaurante elegantemente decorado em tons minimalistas de marrom e branco, com vista espetacular sobre o canal da Giudecca. O cardápio tem especialidades de Puglia (terra natal do *chef*). Experimente a *frittura di pesce* e *verdure*, uma deliciosa porção de frutos do mar levemente empanados com legumes. Faça reserva para uma mesa externa.

Acima, da esquerda para a direita: roupa lavada numa rua residencial da Giudecca; leão e a igreja Il Redentore.

Cor favorita
"De todas as cores, nenhuma é mais apropriada para igrejas do que a branca, pois a pureza da cor, como da própria vida, agrada de maneira especial a Deus." (Palladio)

Abaixo: interior de San Giorgio Maggiore, uma obra-prima *palladiana*.

SAN GIORGIO MAGGIORE

Acima, da esquerda para a direita:
o Moinho Stucky; *A ascensão da Virgem*, de Tintoretto, na Scuola di San Rocco, no bairro de San Polo.

Il Redentore

Uma pequena ponte na *fondamenta* leva ao Campo del Santissimo Redentore e a um dos marcos mais notáveis de Veneza: **Il Redentore** ❻ (2ª-dom., 10h-17h), a igreja de Palladio dedicada ao Redentor, construída para comemorar a libertação de Veneza da peste de 1576, que ceifou 500 mil vidas. Esta graciosa igreja é palco para o festival mais cativante da cidade (*ver quadro abaixo*). O interior, escuro e solene, é um belo exemplo de racionalidade clássica.

Moinho Stucky

Continue para oeste, atravessando a Ponte Longo. Observe todos os barcos atracados ao longo desse canal e olhe para o sul, daí talvez você consiga distinguir a ilha artificial de **Sacca Sessola**, também conhecida como ilha das Rosas. Logo você chegará à parada Palanca, onde poderá fazer uma pausa para um drinque ou uma refeição leve no rústico **Alla Palanca**, ver 🍴②. Este trecho da *fondamenta* é especialmente animado e salpicado de lojas.

Depois de outra ponte, chega-se ao n. 805, a **fábrica Fortuny** (2ª-6ª, 9h-12h30, 14h-17h), que produz grande quantidade de tecidos Fortuny (*ver p. 18*) desde 1922. Ao lado, fica o prédio do **Molino Stucky** ❼, recentemente convertido num hotel com 380 quartos. O enorme edifício neogótico de alvenaria foi construído em 1895 para servir de silo, fábrica de massas e moinho de farinha. O moinho fechou nos anos 1950 e permaneceu vazio durante décadas até a grandiosa inauguração do **Hilton Molino Stucky** (*ver p. 115*) em 2007.

De volta à ilha principal

Daqui volte para a **plataforma Palanca** ❽, para pegar o *vaporetto* n. 2 de volta à ilha principal. Se tiver sorte, pode ser que consiga pegar a balsa circular do Hilton, que deixa os passageiros perto da Piazza San Marco.

Festa do Redentor

A Festa do Redentor, que acontece no terceiro domingo de julho, é o mais tocante e intimista dos festivais de Veneza. Ela celebra Il Redentore, a igreja *palladiana* construída como sinal de agradecimento pelo fim da peste de 1576. Na época, como agora, os venezianos dirigiam-se à igreja carregando velas e rezando o terço. Uma longa ponte formada por barcos atravessa o canal da Giudecca até a igreja, permitindo que as pessoas assistam à missa e ouçam os cânticos dos monges. O espetáculo de fogos de artifício na véspera do dia da festa acontece desde o séc. XVI. À noite, uma multidão enche as Zattere e a Giudecca ou entra em barcos de todos os tipos, carregando piqueniques festivos. De iates majestosos a barcaças de refugo e gôndolas, as embarcações recebem enfeites de gala para criar um fabuloso espetáculo noturno. As sirenes de nevoeiro soam, e os fogos iluminam a lagoa.

Onde comer

② ALLA PALANCA
Giudecca 448, Fondamenta del Ponte Piccolo; tel.: 041-528 7719; 2ª-sáb.; só almoço; €€
Localizado perto da plataforma de desembarque Palanca, este bar e *trattoria* serve um cardápio pequeno na hora do almoço. Sente-se numa das mesas externas e aprecie o vaivém, saboreando um risoto com tinta de sépia.

SAN POLO E SANTA CROCE

Caminhe pelos bairros sossegados de San Polo e Santa Croce, labirintos de vielas e praças despretensiosas que escondem grandes tesouros de Bellini, Ticiano e Tintoretto nos Frari e na Scuola di San Rocco.

San Polo e Santa Croce são bairros vizinhos na curva da margem esquerda do Grande Canal. Juntos, abarcam o movimentado mercado de Rialto (tema do próximo itinerário; *ver p. 70*) e os pitorescos canais secundários que correm na direção da estação, com centro no precioso *campo* de San Giacomo dell'Orio.

DISTÂNCIA 2,5 km
DURAÇÃO 3-4 horas
INÍCIO/FIM *Vaporetto* San Tomà
OBSERVAÇÕES
Como estes bairros são relativamente tranquilos, o itinerário é excelente no fim de semana, quando a maioria das pessoas vai direto para a Piazza San Marco. Pode ser combinado com Dorsoduro (*ver itinerário 7*) se o trajeto for feito ao contrário, em direção ao sul, ao Campo de Santa Margherita, depois da Scuola di San Rocco.

SCUOLA DI SAN ROCCO

Este itinerário circular começa e termina no *vaporetto* **San Tomà ❶**. Daqui, vá para o norte, virando a segunda à direita, para sair no pequeno Campo San Tomà. Do outro lado da praça, você verá a antiga Scuola dei Caleghieri, a corporação dos sapateiros e remendões. O edifício é hoje uma biblioteca pública. Siga as placas até a Scuola di San Rocco, uma das maiores atrações da cidade.

A **Scuola Grande di San Rocco ❷** (Salizzada San Rocco; tel.: 041-523 4864; <www.scuolagrandesanrocco.it>; diariamente; abr.-out., 9h-17h30; nov.-mar., 10h-17h; pago) é a maior de todas as *scuole*, ou corporações de ofício, e serve como pano de fundo em recitais barrocos. A corporação é dedicada a São Roque, o santo francês das vítimas da peste, que impressionou os venezianos a ponto de fazê-los roubar suas relíquias e canonizá-lo.

A construção do séc. XVI é também um santuário do grande pintor maneirista Tintoretto. Ele foi um dos vários pintores eminentes que disputaram a decoração da *scuola*, incluindo Veronese; mas Tintoretto pegou os concorrentes desprevenidos ao apresentar uma pintura acabada no lugar do esboço requisitado. Ele trabalhou sem parar na *scuola* durante 24 anos, produzindo cenas bíblicas formidáveis. Durante a visita, observe a habilidade extraordinária do artista para transmitir efeitos dramáticos por meio de contrastes de

As *scuole*
As *scuole* eram corporações de ofício que cuidavam do bem-estar material, moral e espiritual de seus membros. Serviam aos profissionais, de advogados e mercadores a artesãos qualificados, e esperava-se que apoiassem o Estado e contribuíssem para as boas causas. No caso do ofício dos mercadores, excluído do governo, elas representavam uma oportunidade de mostrar orgulho cívico.

Ticiano

Ticiano (c. 1487-1576), o grande mestre da pintura veneziana, na verdade, nasceu no continente, na pequena cidade de Pieve la Cadore. Para estudar pintura, ele veio muito jovem e passou aqui o resto de sua vida, até sua morte, aos 89 anos. Suas melhores obras estão nos Frari.

luz e sombra, perspectivas ousadas, efeitos iluminados de cor e pontos de vista incomuns.

No saguão inferior, as pinturas ilustram cenas da *Vida da Virgem*; já no superior, onde há quadros com quase 5 m de altura, estão cenas da *Vida de Cristo* e, no teto, imagens do Antigo Testamento. Utilize os espelhos colocados à disposição dos visitantes para admirar o teto sem distender o pescoço.

Do outro lado da Sala dell'Albergo, cenas da *Paixão* culminam na *Crucificação* propriamente dita, a maior, mais comovente e mais dramática pintura do acervo. *A glorificação de São Roque*, no teto da mesma sala, foi o trabalho que deu a Tintoretto a vitória sobre os concorrentes.

A IGREJA DOS FRARI

Volte para a Salizzada San Rocco, parando para um *gelato* no Millevoglie, ver ⑩①. Daqui, pode-se ver a extremidade da abside da **igreja dos Frari** ❸ (Campo dei Frari; 2ª-sáb., 10h-17h; dom., 13h-18h; igreja da Associação Chorus, *ver p. 13*; pago), que faz limite com o Campo San Rocco. Antes de entrar, dê a volta na igreja, para admirar a simples fachada gótica de alvenaria.

Com a igreja de Santi Giovanni e Paolo (*ver p. 52*), em Castello, os Frari formam o conjunto das mais belas igrejas góticas de Veneza. O edifício volumoso de tijolos nus e o claustro adjacente foram construídos nos sécs. XIV e XV pelos frades franciscanos, cujo princípio mais importante é a pobreza – daí a escassa decoração da fachada. A elevada torre do sino é a mais alta de Veneza depois do campanário de San Marco (*ver p. 31*). Está sendo restaurada, depois que detectaram sua instabilidade em 2006.

O interior

Dentro da igreja, os olhos são atraídos para a magnífica *Assunção da Virgem*, de Ticiano, que encima o altar-mor. Do lado esquerdo da igreja, do mesmo pintor, fica a *Madona di Ca' Pesaro*, outra obra-prima de luz, cor e harmonia – e um trabalho muito ousado, pois foi um dos primeiros a retratar Nossa Senhora fora do centro da composição. Logo em frente está o mausoléu de Ticiano, erguido 300 anos após sua morte.

Outras obras de arte importantes desta igreja são: a bela *Madona e o*

Menino com santos, de Giovanni Bellini, que fica na sacristia (sobre a qual Henry James escreveu: "Nada em Veneza é mais perfeito que ela"); o finamente entalhado coro dos monges, do séc. XV; a estátua de madeira de São João Batista, obra de Donatello, no retábulo à direita do altar-mor; e o sinistro monumento a Canova (à esquerda da porta lateral).

SCUOLA DI SAN GIOVANNI EVANGELISTA

De volta ao Campo dei Frari, atravesse a ponte para sair da praça e vire à esquerda na Fondamenta dei Frari. Atravesse outra ponte, vire à esquerda e, depois, à direita, na Calle del Magazen, para chegar à **Scuola di San Giovanni Evangelista** ❹. A igreja é parte de uma região labiríntica de vielas estreitas (*calli*) e passagens cobertas (*sottoporteghi*). Embora a *scuola* só abra com hora marcada (tel.: 041-718 234; <www.scuolasangiovanni.it>), o pátio externo é muito bonito. Fundada em 1261, esta *scuola* foi uma das seis mais importantes corporações, em grande parte porque possuía uma relíquia da Vera Cruz e desempenhava papel fundamental na vida protocolar da cidade.

Destaques

O primeiro pátio tem um anteparo de mármore desenhado por Pietro Lombardo, guardado por uma águia, o símbolo evangélico de São João, santo padroeiro da corporação. O segundo pátio tem um relevo dos membros da corporação ajoelhados diante do santo. A inscrição abaixo dele registra a compra do terreno da *scuola* em 1349.

SANTA CROCE

Ao sair do pátio, vire à esquerda e caminhe pela rua, apreciando a atmosfera desta parte sossegada da cidade. Um pouco adiante, procure por um pátio pequeno à direita, que tem um pavimento de terracota desenhado no padrão espinha de peixe. Antigamente, a maioria das ruas de Veneza seguia esse padrão. No final da rua, vire à esquerda e atravesse a ponte sobre o canal, entrando no **Campiello del Cristo**.

Agora, estamos no *sestiere* de Santa Croce. Embora central, o bairro passa despercebido pela maioria dos turistas, provavelmente porque não tem pontos "famosos". Graças a isso, aqui é possível apreciar um pouco da vida veneziana como ela é. A ponte dá para um jardim cercado de árvores grandes, prova de que muitas casas têm jardim.

Atravesse o *campiello*, seguindo em frente até chegar ao Campo San Nazario Sauro. Indo na direção leste ao sair da praça pela Ruga Bella, você chega ao **Campo San Giacomo dell'Orio** ❺, onde venezianos jovens e idosos se reúnem para conversar nos cafés, fofocar nos bancos vermelhos ou fazer compras

Acima, da esquerda para a direita: Frari é a maior das igrejas góticas de Veneza; detalhe de *A glorificação de São Roque*, de Tintoretto, na Scuola di San Rocco; turistas na Ponte dei Frari.

Acima: Campo San Giacomo dell'Orio; anteparo de mármore, Scuola di San Giovanni Evangelista.

Onde comer
① **GELATERIA MILLEVOGLIE**
San Polo 3033; Salizzada San Rocco; tel.: 041-524 4667; diariamente até tarde; €
A Millevoglie (atrás da igreja dos Frari) é conhecida como a melhor sorveteria da área – uma boa razão para ser visitada num dia de calor sufocante. Experimente os sabores figo e *tiramisu*.

Acima, da esquerda para a direita:
doces frescos e tentadores na vitrine de uma *pasticceria* na região de San Polo e Santa Croce; máscaras de Carnaval.

Fora do comum
Sem pressa, relaxe tomando um drinque no convidativo bairro de San Polo. A Calle della Madonetta é uma viela agradável que passa por cima de pontes e sob os edifícios na direção de Rialto. Essa é uma entre várias outras ruas adjacentes em que as construções têm telhados com beiral, uma raridade em Veneza.

na pequena mercearia. Aproveite para relaxar, talvez se juntar aos moradores para um drinque no **Al Prosecco**, ver 🍴②, ou se sentar para uma refeição no **Il Refolo**, ver 🍴③.

PALAZZO MOCENIGO

O trajeto agora começa a voltar para San Polo. Saia do Campo San Giacomo dell'Orio pela rua que passa ao lado do Al Prosecco. Siga as placas para o *vaporetto* e logo você chegará ao **Palazzo Mocenigo** ❻ (Salizzada S. Stae 1992; tel.: 041-721 798; <www.museiciviciveneziani.it>; 3ª-dom., 10h-17h, até 16h no inverno; pago), residência ancestral de uma das mais importantes famílias ducais, que hoje abriga um museu de tecidos. Os fashionistas vão adorar a pequena coleção de roupas venezianas de época, principalmente dos sécs. XVIII e XIX. É também uma ótima oportunidade

para visitar um palácio do séc. XVII, com seu opulento mobiliário intacto e uma galeria dos retratos de família de uma dinastia que produziu sete doges.

CAMPO SAN POLO

Ao sair do *palazzo*, vire à esquerda e continue ao longo da rua que o trouxe até aqui, atravesse duas pontes e vire à direita no Campo Santa Maria Mater Domini. Atravesse o *campo* e siga até o final da rua, antes de virar à esquerda em rio Terrà Bernardo. Siga a rua para o sul até sair no **Campo di San Polo** ❼, a maior praça de Veneza depois da Piazza San Marco. Não tem a grandiosidade de San Marco, mas é bonita à sua maneira. Já foi local de brigas de cães e touros, torneios, bailes de máscaras e feiras. Hoje, é cenário de atividades menos festivas, como futebol e ciclismo. Se quiser, você pode almoçar na praça, na **Antica Birreria la Corte**, ver 🍴④, que também é uma boa opção para a noite.

Destaques
A **igreja de San Polo** ❽ (2ª-sáb., 10h-17h; igreja da Associação Chorus; *ver p. 13*; pago) vale uma visita para apreciar as *Estações da cruz*, de Tiepolo (siga a placa que diz *Crucis del Tiepolo*), e *A última ceia*, de Tintoretto.

Ao lado da igreja, o clássico **Palazzo Corner-Mocenigo** foi por algum tempo residência de Frederick Rolfe (autodenominado barão Corvo), notório e excêntrico escritor inglês. Foi aqui que ele escreveu *The Desire and*

Onde comer
② AL PROSECCO
Santa Croce 1503, Campo San Giacomo dell'Orio; tel.: 041-5240 222; 2ª-sáb.; €€
Os simpáticos proprietários Stefano e Davide gerenciam esta pequena *enoteca* na praça. Serve uma variedade de vinhos na taça e queijos, *salumi* (frios) e saladas.

③ IL REFOLO
Campiello del Piovan, Campo San Giacomo dell'Orio; tel.: 041-524 0016; fechado 2ª o dia todo e 3ª no almoço; €–€€
Num bonito local à beira do canal, esta pizzaria inovadora e sofisticada é o lugar ideal para uma refeição tranquila.

④ ANTICA BIRRERIA LA CORTE
San Polo 2168, Campo San Polo; tel.: 041-275 0570; diariamente; €€
Preço vantajoso com mesas externas e amplo espaço interno; excelente local para grupos grandes. Oferece uma ótima variedade de saladas e pizzas criativas.

Pursuit of the Whole [O desejo e a busca do todo], uma sátira cruel da sociedade britânica em Veneza. Do lado oposto da praça fica o **Palazzo Soranzo**, com sua majestosa fachada gótica rosada.

LOJAS DE MÁSCARAS

Vire à direita na saída da igreja e atravesse a ponte. Ao longo da **Calle dei Saoneri** e nas ruas adiante, lojas de máscaras de lantejoulas e suvenires substituíram algumas das oficinas venezianas de artesanato, mas ainda é divertido andar por elas. Aqui e ali, pode-se ver um artesão criando insetos de vidro, modelando uma tradicional máscara de couro ou confeccionando papel marmorizado. No final da Calle dei Saoneri, vire à esquerda e, depois, à direita na Calle dei Nomboli. No meio do caminho, as máscaras incríveis na vitrine da **Tragicomica** (n. 2800) chamam a atenção dos passantes. Todas são feitas à mão por artesãos – daí os preços. As máscaras vão de personagens da *commedia dell'arte* a máscaras alegóricas, saídas da imaginação de seus criadores.

CASA GOLDONI

Em frente à loja, fica a **Casa Goldoni** ❾ (Calle dei Nomboli 2794; tel.: 041-275 9325; <museiciviciveneziani.it>; 5ª-3ª, abr.-out., 10h-17h, nov.-mar., 10h-16h; pago), onde nasceu o grande dramaturgo do séc. XVIII, Carlo Goldoni. Suas peças são conhecidas pela perspicácia e pela incorporação de aspectos da bem conhecida *commedia dell'arte*, criando um gênero novo, que ficou famoso como ópera-bufa.

Daqui, siga as placas para pegar o *vaporetto* de volta para San Tomà.

Acima: Goldoni.

Aula de confecção de máscaras

Quer fazer sua própria máscara de Carnaval? Há várias oficinas que convidam os visitantes para uma aula. Experimente Ca' Macana, em Dorsoduro (<www.camacanacourses.com>; tel.: 041-277 6142), que oferece um curso de 2h30 em cinco idiomas diferentes, todas as quartas e sextas, às 15h.

Commedia dell'arte

Muitas das mais características máscaras e fantasias de Carnaval são inspiradas em personagens da *commedia dell'arte*. Este gênero essencialmente cômico surgiu na Itália do séc. XVI e se caracterizava pela improvisação, pelo ritmo rápido e por espirituosas paródias regionais. A trama era frequentemente secundária à acrobacia, ao malabarismo e à mímica, que garantiam a animação do espetáculo. Personagens inspirados em estereótipos regionais apareciam em cada performance, identificados por suas máscaras. Alguns dos personagens mais facilmente reconhecíveis são: Arlequim, o espirituoso servo e palhaço de Bérgamo; Pantaleão, o avarento mercador de Veneza; Doutor, o pomposo erudito de Bolonha; e Colombina, a astuta e inteligente companheira veneziana de Arlequim.

O RIALTO

Para os venezianos, o Rialto não se restringe à bela ponte, mas abrange todo o bairro que acompanha a curva central do Grande Canal – um labirinto de vielas escuras e praças minúsculas que convergem para os mercados do cais.

DISTÂNCIA 1,5 km
DURAÇÃO 2 horas
INÍCIO Vaporetto Rialto Mercato
FIM Taverna Campiello del Remer (na margem oposta)
OBSERVAÇÕES
Chegue cedo, para ver os mercados em plena atividade e observar as barcas descarregando no cais do Grande Canal. Os melhores dias para este itinerário são de terça a sábado, quando os dois mercados principais estão funcionando.

Há séculos, o Rialto é o centro comercial da cidade. Dizem que foi aqui que os primeiros habitantes da lagoa se fixaram. No auge da República, foi um dos maiores distritos financeiros da Europa. O Rialto continua muito ativo comercialmente. Abrir caminho no seu labirinto de vielas é uma experiência divertida, principalmente de manhã. Ignore o mau gosto turístico e privilegie a abundância de alimentos e os *cicchetti* (refeições rápidas venezianas) num dos *bacari* (bares de vinho tradicionais) que ainda restam.

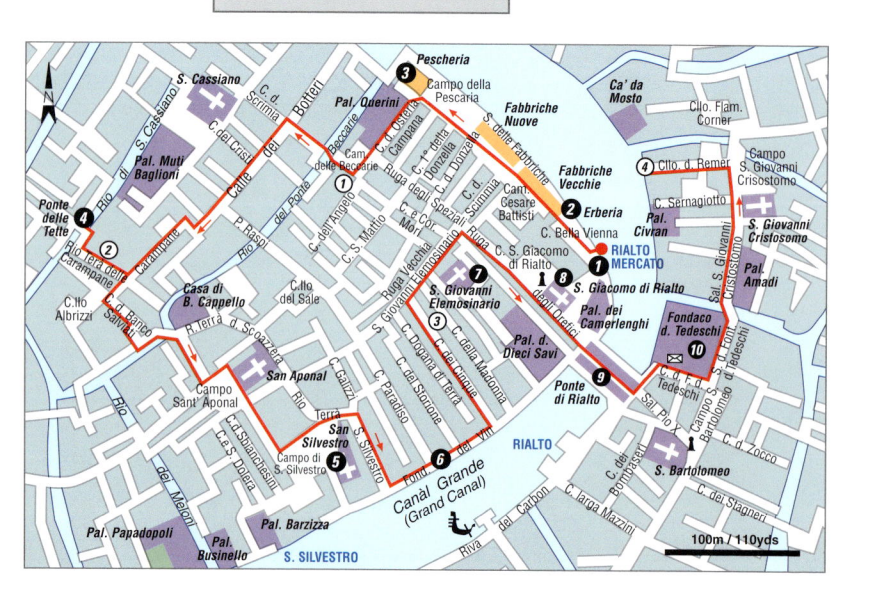

OS MERCADOS DE RIALTO

Este itinerário começa com uma caminhada pelos mercados. Inicie no *vaporetto* **Rialto Mercato** ❶, siga em frente e entre no Campo Bella Vienna, uma praça agitada pelo vaivém dos frequentadores do mercado.

Erberia

Vire à direita na Casaria, ladeada por barracas e açougues, que o levará até o centro do mercado de frutas e verduras denominado **Erberia** ❷. As barracas criam um dos cenários mais coloridos de Veneza, com pimentões e berinjelas brilhantes, talos grossos de aspargos, abobrinhas de flores amarelas, sacos de limão e cheirosos ramos de coentro. Com o verão, chegam também morangos silvestres, pêssegos vistosos, cerejas, figos e melancias – todos vão acabar nos cardápios de sobremesa da cidade.

Pescheria

O mercado se estende ao longo das margens do canal até a **Pescheria** ❸, o mercado de peixes que fica num saguão neogótico em arcos ao lado do cais. Aqui, sardinhas reluzentes, linguados, arraias, robalos, santolas, lulas e camarões vivos são expostos em bandejas sob as colunatas. A maior parte do pescado é trazida diariamente de Chioggia, uma cidade pesqueira situada numa pequena ilha da entrada sul da lagoa.

Vire à esquerda na Calle Osteria, siga até o Campo delle Beccarie e, se quiser, junte-se aos peixeiros para um trago matinal ou um café na **Osteria da Pinto**, ver 🍴①.

ALÉM DE RIALTO

Saia do *campo* pela ponte de ferro batido que fica no canto e siga a placa amarela para Ca' Pesaro pelo *sottoportego*. Vire à esquerda na Calle dei Botteri, ignore todas as placas amarelas e siga a rua até que ela se estreite. Neste ponto, vire à direita na pequena praça chamada Carampane. Passe pelo *sottoportego* e vire à direita em rio Terrà delle Carampane. Agora, você está muito longe dos caminhos costumeiros dos turistas. A primeira ponte à direita é a **Ponte delle Tette** ❹ (Ponte dos Seios), que tem esse nome em homenagem às prostitutas (havia mais de 11 mil em Veneza no séc. XVI) que frequentavam essa área, com os seios nus, a fim de atrair clientes para os bordéis.

Volte ao rio Terrà delle Carampane e pare para comer alguma coisa no **Antiche Carampane**, ver 🍴②.

Acima, da esquerda para a direita: a ponte de Rialto; barco de entrega de pescado no mercado de Rialto.

Parmesão e presunto

Assim que entrar no Campo Bella Vienna, talvez você veja uma multidão do lado de fora da Casa del Parmigiano. Essa loja tradicional tem um estoque impressionante de queijos e embutidos deliciosos de todas as partes da Itália.

Onde comer

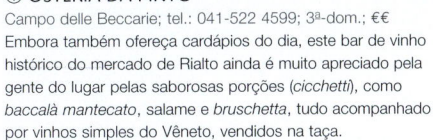

① OSTERIA DA PINTO
Campo delle Beccarie; tel.: 041-522 4599; 3ª-dom.; €€
Embora também ofereça cardápios do dia, este bar de vinho histórico do mercado de Rialto ainda é muito apreciado pela gente do lugar pelas saborosas porções (*cicchetti*), como *baccalà mantecato*, salame e *bruschetta*, tudo acompanhado por vinhos simples do Vêneto, vendidos na taça.

② ANTICHE CARAMPANE
San Polo 1911; Rio Terà delle Carampane; tel.: 041-524 0165; 3ª-sáb.; €€€
Difícil de achar, mas vale a busca, pois os pratos de frutos do mar são excelentes – ainda que o serviço seja um pouco rude. No verão, pode-se comer em mesas externas.

Traghetti

Antes do séc. XIX, a única maneira de atravessar o Grande Canal (que não pela ponte de Rialto) era num *traghetto*, uma gôndola usada para levar os passageiros de uma margem à outra. Os *traghetti* ainda funcionam, ligando as margens do Grande Canal em sete pontos. Uma viagem custa apenas 50 centavos.

Abaixo: o mercado de Rialto oferece ao turista um descanso da monumentalidade de Veneza.

SAN SILVESTRO

Depois do almoço, vire à direita na Calle Albrizzi e siga a Calle Tamossi à esquerda até chegar a um canal. Atravesse a ponte e siga a Calle del Ponte Storto para entrar no Campo Sant'Aponal. Essa praça pode ser minúscula, mas oito ruas convergem para ela, portanto é um cruzamento importante do tráfego humano. A dessagrada igreja de Sant'Aponal (Santo Apolinário) é usada como arquivo. Atravesse o *campo* e vá para o sul pelo *sottoportego* que leva ao Campo di San Silvestro.

Originalmente fundada no séc. XII, a igreja de **San Silvestro** ❺ (diariamente, 8h-11h30, 15h30-18h30; grátis) foi toda reconstruída no séc. XIX (a fachada foi concluída em 1909). A principal atração do interior neoclássico é *O batismo de Cristo*, de Tintoretto (primeiro altar à direita).

Passe em frente à igreja e vire à direita na Calle San Silvestro, que leva de volta ao Grande Canal. Vire à esquerda na **Fondamenta del Vin** ❻, onde barris de vinho costumam ser descarregados. É uma rua cheia de barracas de suvenir e restaurantes turísticos, mas não se deixe levar por nenhum dos garçons que talvez tentem convencê-lo a entrar. Os preços cobrados são pela vista e não pela qualidade da comida. Caminhe ao longo do canal, apreciando a paisagem até chegar a Sotto portego dei Cinque. Pare para comer alguma coisa no **Caffè del Doge**, ver 🍴③.

SAN GIOVANNI E SAN GIACOMO

Agora, continue pela Calle dei Cinque e vire à direita em San Giovanni Elemosinario, ladeada de barracas de suvenir e repleta de pessoas que se dirigem à ponte de Rialto. Escondida atrás de um portão de metal à direita, a igreja de **San Giovanni Elemosinario** ❼ (2ª-sáb., 10h-17h; igreja da Associação Chorus, *ver p. 13*; pago) é uma das mais antigas da área. Entre para ver o retábulo *São João Esmoler*, de Ticiano, um retrato tocante do santo dando esmolas, caracterizado pelas pinceladas leves que marcariam as últimas obras do artista.

Vire à direita ao sair da igreja e novamente à direita na Ruga degli Orefici, passando pela igreja mais antiga da área, **San Giacomo di Rialto** ❽.

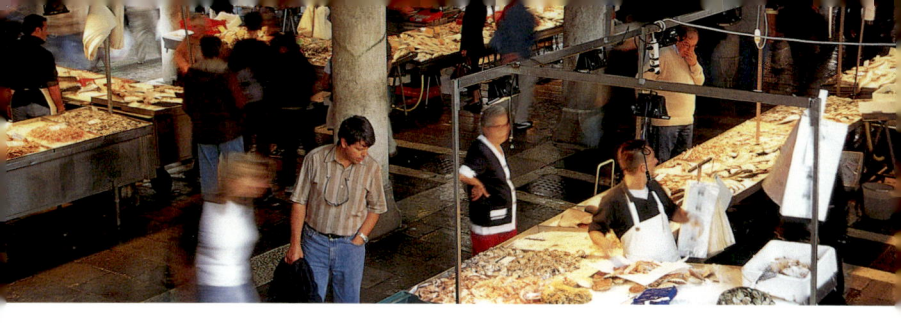

Confortavelmente aninhada entre barracas de frutas e verduras, a igreja é dedicada a São Jaime, santo padroeiro dos ourives e dos peregrinos. Ambos estiveram em grande evidência em Rialto. As características mais marcantes são o pórtico gótico, a torre do sino e o ousado relógio de 24 horas.

O **Campo de San Giacomo** preserva sua atmosfera mercantil. Do lado oposto da igreja, o **Gobbo di Rialto**, o corcunda de Rialto, é uma curiosa figura curvada que sustenta os degraus que conduzem à tribuna cor-de-rosa ao lado, de onde foram proclamadas as leis republicanas, com seu fardo metaforicamente sustentado por essa figura simbólica do veneziano comum.

A PONTE DE RIALTO

A **Ponte di Rialto** ❾ atravessa o Grande Canal num arco robusto e elegante de mármore, de um único vão, ladeado por lojas. Até a década de 1850, era o único ponto fixo para atravessar o canal. A estrutura atual é, na verdade, a quarta versão da ponte. A primeira, de madeira, foi erguida no séc. XIV, e logo destruída durante uma revolta em 1310. A segunda ruiu sob o peso dos espectadores que ali se reuniram para ver a procissão do marquês de Ferrara em 1444. Pode-se ver como era a terceira versão no *Milagre da Vera Cruz*, de Carpaccio, que está na Accademia (*ver p. 42*). A ponte atual foi projetada por um arquiteto de nome muito apropriado, Antonio da Ponte, no final do séc. XVI, que venceu a concorrência com gigantes como Michelangelo, Sansovino e Palladio. Ande ao longo dos corredores laterais, se possível, pois são mais vazios do que o central e garantem a melhor vista dos palácios, armazéns e do tráfego aquático.

A MARGEM DIREITA

O edifício do outro lado da ponte, à esquerda, é o **Fondaco dei Tedeschi** ❿, que recebeu o nome dos mercadores germânicos que, no passado, alugavam o empório. Hoje, funciona ali uma agência do correio. Vire à esquerda, contornando as costas do edifício (na direção oposta da placa que indica San Marco) e atravesse a ponte até o Campo San Giovanni Crisostomo. Para experimentar uma refeição tranquila e genuinamente veneziana, pegue a viela à esquerda, ao lado da Fiaschetteria Toscana. Siga a rua pelo *sottoportego* para chegar à **Taverna del Campiello Remer**, ver 🍴④, que proporciona uma linda vista do mercado de Rialto.

Acima, da esquerda para a direita: o Grande Canal visto através da ponte de Rialto; Pescheria, o mercado de peixes.

San Giacomo di Rialto
Acredita-se que esta seja a igreja mais antiga de Veneza. Sua característica mais marcante é um relógio gótico de 24 horas, que data de 1410. Ele foi restaurado no séc. XVI, com o restante da construção.

> ## Onde comer
> ### ③ CAFFÈ DEL DOGE
> San Polo 609; Calle dei Cinque; tel.: 041-522 7787; 2ª-sáb.; €
> Um café relativamente novo, que serve 11 combinações diferentes de *espresso* de todo o mundo. Há também uma deliciosa variedade de bolos e sucos frescos.
>
> ### ④ TAVERNA DEL CAMPIELLO REMER
> Cannaregio 5701; Campiello del Remer; tel.: 041-522 5789; 5ª-3ª; €€
> Este bar de vinho local pode ser um pouco difícil de achar – é por isso que aqui há poucos turistas. Serve um bom *spritz* antes do jantar e uma variedade de vinhos na taça. O interior charmoso é um lugar encantador para provar pratos venezianos clássicos, como *bigoli in salsa* (massa de trigo-sarraceno com molho de anchovas e cebolas).

CANNAREGIO

Majoritariamente residencial, Cannaregio é uma das mais fascinantes e menos exploradas áreas da cidade. Neste itinerário, que dura meio dia, você vai visitar o gueto mais antigo do mundo, os plácidos canais secundários do bairro de Madonna dell'Orto e algumas das mais lindas igrejas góticas e renascentistas de Veneza.

Acima: estrela de Davi no gueto; Ca' d'Oro.

DISTÂNCIA 3 km
DURAÇÃO 3-4 horas
INÍCIO Stazione Ferroviaria
FIM Santa Maria dei Miracoli
OBSERVAÇÕES
No verão, este itinerário é melhor de manhã cedo ou no final da tarde, para escapar do calor. Talvez você também prefira evitar os sábados, já que é o sabá, quando a maioria dos estabelecimentos do gueto está fechada. O itinerário pode facilmente ser combinado com o itinerário 5 (feito ao contrário), por meio de uma caminhada curta ao Campo de Santi Giovanni e Paolo.

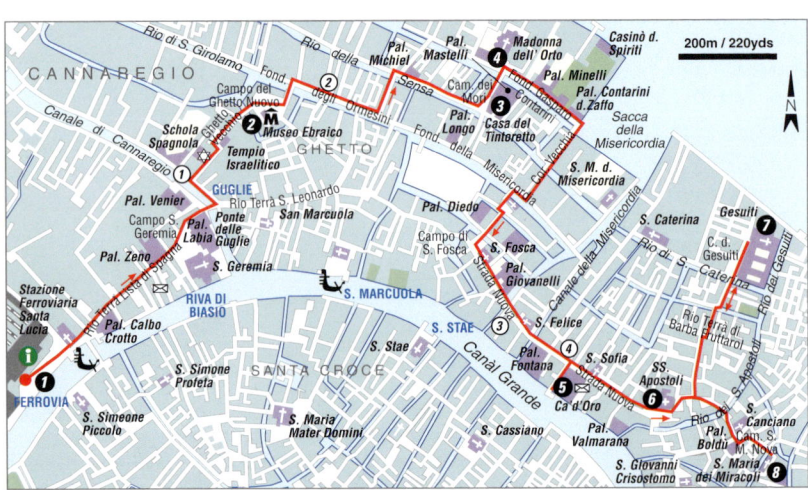

O Cannaregio é o bairro mais povoado e o mais próximo da estação ferroviária e do continente. Aqui, toda paróquia tem sua própria igreja e seu campo. Apesar das casas de cômodos do pós-guerra na periferia do bairro, Cannaregio é alegre e ativo. Varandas escondidas ou persianas meio abertas revelam venezianos idosos que passam o tempo com os vizinhos ou debruçados nas janelas em que penduram a roupa lavada. O emaranhado de vielas revela uma ou outra *bottega* que vende entalhes de madeira, assim como bares sujos e sem refinamento e pequenos *alimentari* (mercearias), uma raridade nas áreas mais sofisticadas de Veneza.

LISTA DI SPAGNA

Comece na **Stazione Ferroviaria Sta. Lucia** ❶ e siga o fluxo ao longo da Lista di Spagna. Em seguida, atravesse a Ponte delle Guglie (Ponte dos Obeliscos) no canal de Cannaregio, que já foi a principal entrada da cidade, antes da construção da ponte ferroviária, em 1846, para ligar Veneza ao continente. Esta é uma região animada, com barracas nas margens do canal e um mercado matutino ao longo do rio Terrà San Leonardo, à sua frente.

O GUETO

Vire à esquerda depois da ponte, onde se pode ver uma placa amarela em hebraico e italiano que indica o caminho da sinagoga, e entre na terceira passagem coberta à direita, com a indicação "Sinagoghe". Antes de continuar, dependendo da hora do dia, talvez você queira comer alguma coisa no **Gam-Gam**, ver 🍴①.

Essa passagem, salpicada de pequenas lojas, galerias e oficinas, conduz ao Guetto Vecchio (gueto velho) e ao Campiello delle Scuole. Atravesse a ponte e entre no Campo del Ghetto Nuovo (praça do gueto novo), que, apesar do nome, fica no centro do gueto mais velho do mundo, uma ilha fortificada, criada em 1516. No início do séc. XVI, os judeus de Veneza foram confinados nessa ilha. Ela se tornou uma das comunidades judaicas mais importantes da Europa, com uma densidade populacional três vezes maior do que o subúrbio cristão mais populoso. A única solução para um lugar tão restrito foi construir para cima. Daí os "arranha-céus" de Veneza, que já foram os mais altos da Europa. A comunidade permaneceu neste local até 1797, quando Napoleão mandou derrubar os portões. A partir de então, os judeus tiveram liberdade para morar onde quisessem. Hoje, apenas um punhado de famílias judias ainda vive aqui, embora a área seja rica em cultura judaica, com restaurantes, padarias e lojas que vendem artesanato judaico.

A característica mais surpreendente do grande Campo del Ghetto Nuovo é a série de baixos-relevos que evocam o Holocausto, obra de Arbit Blatas. Você pode vê-los no lado mais próximo da praça, debaixo de faixas simbólicas de arame farpado. Três das cinco sinagogas que ainda restam em Veneza estão localizadas em torno da praça.

Museu judaico
O **Museo Ebraico** ❷ (Campo del Ghetto Nuovo 2902/A; tel.: 041-715 359; <www.museoebraico.it>; dom-6ª, jun.-set., 10h30-17h30, out.-mai., 10h30-15h30, 6ª até 16h30; pago) fica do lado oposto da praça. Daqui, saem

Acima, da esquerda para a direita: figura do séc. XIII no Campo dei Mori; memorial do Holocausto no Ghetto Nuovo; a Ponte delle Guglie no Cannaregio.

Dialeto veneziano
A familiaridade com alguns termos geográficos pode ajudá-lo a identificar lugares em suas andanças através dos confusos canais secundários: *fondamenta* é uma calçada na margem de um canal (conhecido como rio); *sottoportego* é uma viela minúscula que passa sob um edifício; *campiello* é uma praça pequena; *ruga* é uma rua comercial larga; e *calle* é uma viela. Para mais detalhes, *ver p. 100.*

Onde comer 🍴
① GAM-GAM
Cannaregio 1122, Ponte delle Guglie; tel.: 041-715 284; 2ª-dom., 12h-15h; 2ª, 5ª, dom., 18h-24h; €
Único restaurante *kosher* de Veneza, o Gam-Gam é um ponto de encontro para a comunidade judaica. Serve pratos israelenses e italianos. Experimente o cardápio de *falafel* do almoço por € 9,50, que inclui uma variedade de aperitivos.

Roubo de arte
Na nave lateral norte da Madonna dell'Orto talvez você note uma moldura esculpida vazia. Ela emoldurava um quadro de Nossa Senhora pintado por Giovanni Bellini, roubado em 1993, e continua vazia desde então.

Abaixo: o Campo dei Mori tem esse nome em homenagem aos mouros de turbante que decoram a fachada do Palazzo Mastelli, próximo à casa de Tintoretto.

visitas guiadas em inglês e italiano às sinagogas espanhola, alemã e levantina, de hora em hora, na meia hora.

Fondamenta degli Ormesini

Saia pelo norte da praça, atravesse a ponte com balaustrada de ferro fundido e vire à direita na **Fondamenta degli Ormesini**. A calçada na beira do canal está sempre movimentada pelos moradores, que fazem compras na mercearia ou nas lojas de artigos domésticos e frequentam bares e *trattorias*. Os preços moderados e o cenário pitoresco da margem do canal em **Al Timon**, ver 🍽②, talvez o seduzam a fazer uma pausa para uma taça de vinho e uma refeição leve.

O BAIRRO DE TINTORETTO

Vire à esquerda na estreita Calle del Forno, que tem uma sinalização azul que diz "Istituto Ospedaliero", atravesse a ponte e vire à direita na bonita Fondamenta della Sensa. Siga o canal até o **Campo dei Mori**. As estátuas daqui representam mercadores da família Mastelli, que veio do Peloponeso para Veneza no séc. XII.

A casa de Tintoretto

Depois do *campo*, outro mercador de turbante ocupa um nicho na parede, logo antes da **Casa di Tintoretto** ❸ (Fondamenta dei Mori 3399). O edifício tem uma placa e um baixo-relevo do artista, que morou aqui com a família de 1574 até sua morte, em 1594. Jacopo Robusti tirou sua alcunha, Tintoretto, da profissão de seu pai, que era tintureiro (*tintore*). Viveu a vida toda em Cannaregio e só saiu de Veneza uma vez.

Rumo à Madonna dell'Orto

Volte para o Campo dei Mori, atravesse a ponte do lado oposto e vire à direita, para apreciar o relevo de um perneta e um camelo na fachada que dá para o canal no Palazzo Mastelli, de estilo gótico.

Ao lado do palácio fica a encantadora **Madonna dell'Orto** ❹ (Campo della Madonna dell'Orto; 2ª-sáb., 10h-17h; igreja da Associação Chorus, *ver p. 13*; pago), uma obra-prima do gótico veneziano que se destaca pelo campanário oriental, pela fachada ricamente ornamentada e pelo belo portal entalhado. No interior, há pinturas de Tintoretto, algumas das quais são consideradas as melhores do artista fora da Scuola di San Rocco (*ver p. 65*). Esta foi a paróquia do pintor, e ele está enterrado na capela à direita do altar.

Vagueie por este bairro tranquilo. Esta é uma das poucas áreas de Veneza onde os jardins são uma atração.

CA' D'ORO

Siga o canal para leste, atravessando a ponte no final. Daqui, você pode ver de relance as ilhas de San Michele (*ver abaixo*) e Murano (*ver p. 79*). Continue até o fim da rua, atravessando três pontes, até se juntar novamente ao fluxo apressado da Strada Nova em Campo di S. Fosca. Siga a Strada Nova para leste até a Ca' D'Oro, a próxima parada. No caminho, faça uma pausa para

Acima, da esquerda para a direita: reflexos no canal; no Campo dei Mori.

Abaixo: a Madonna dell'Orto.

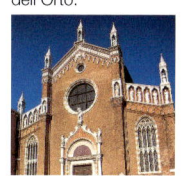

Onde comer

② AL TIMON
Cannaregio 2754, Fondamenta degli Ormesini; tel.: 340-244 0245; 3ª-dom.; €
O cenário da beira do canal e a atmosfera descontraída dão popularidade a este restaurante. A cozinha serve 3 ou 4 pratos quentes por dia, saladas e *crostini*. Ótimo para uma refeição leve e informal.

③ LA CANTINA
Cannaregio 3689, Campo San Felice; tel.: 041-522 8258; 3ª-sáb.; €€
Os proprietários preparam de sanduíches a travessas de *carpaccio* de frutos do mar frescos. A seleção de vinhos na taça é excelente e o cenário externo, ótimo para paquera.

④ ALLA VEDOVA
Cannaregio 3912, Ramo Ca' d'Oro; tel.: 041-528 5324; 6ª-4ª, dom.; não tem almoço; €
Este estabelecimento tradicional é conhecido pela seleção de vinhos e pela variedade de *cicchetti*. Também é possível fazer uma refeição completa de pratos venezianos tradicionais de frutos do mar, mas é bom reservar, pois é muito frequentado por moradores e turistas.

San Michele

San Michele, lugar do cemitério da cidade, pode facilmente ser identificado do continente pelos solenes ciprestes. É a ilha mais próxima de Veneza, servida por balsas que saem das Fondamente Nuove. Antigamente, era uma ilha-prisão. Foi Napoleão quem decretou que os mortos deveriam ser trazidos para cá, longe da cidade apinhada de gente. O cemitério cheio de recantos tem jardins com memoriais simples ou mausoléus de família com cúpulas. Aqui estão os túmulos de famílias ducais, diplomatas obscuros e vítimas da peste, junto de figuras ilustres como Stravinsky, Ezra Pound e Diaghilev. Estrangeiros famosos podem descansar em paz, mas almas mais modestas tendem a ser expulsas – depois de 10 anos, seus restos mortais são exumados e colocados em caixas de armazenagem permanente. Perto da plataforma de desembarque, a grande atração do cemitério é a fresca e austera igreja renascentista de San Michele in Isola. Um passeio a este lugar tranquilo e remoto é inesquecível.

Acima, da esquerda para a direita:
detalhe do teto de Santa Maria dei Miracoli; seu exterior renascentista a torna a igreja preferida para casamentos; Murano é famosa pelo vidro; Burano é o lar dos pescadores e das rendeiras.

Acima: Gesuiti se destaca entre sobrados venezianos; fonte nas Fondamente di Cannaregio.

A Veneza dos venezianos
Cannaregio é o segundo maior bairro de Veneza (Castello é o maior), mas tem a maior população (cerca de 20 mil habitantes).

um vinho e para observar as pessoas em **La Cantina**, ver ⑪③, ou para *cicchetti* em **Alla Vedova**, ver ⑪④ (*ver p. 77*).

Ca' d'Oro ❺, um dos mais belos palácios do Grande Canal, abriga a galeria Franchetti (Calle Ca' d'Oro 3932; tel.: 041-522 2349; <www.cadoro.org>; 2ª, 8h15-14h; 3ª-dom., 8h15-19h15; última admissão 30 min. antes de fechar; pago), uma coleção de tesouros da Renascença. A peça mais apreciada é *São Sebastião*, de Mantegna; o *Duplo retrato*, de Tullio Lombardo, um maravilhoso mármore inspirado em relevos funerários antigos, também vale a pena ser visto. O *portego* é uma vitrine de esculturas e se abre sobre o Grande Canal. O interior do palácio passou por uma restauração drástica em meados do séc. XIX, e é olhando do canal para o palácio que se pode ver por que Ca' d'Oro é uma das maiores atrações da cidade (*ver p. 37*).

Saindo de Ca' d'Oro, vire à direita para voltar à Strada Nova, que leva ao campo e à igreja de **SS. Apostoli** ❻ (8h-12h, 17h-19h; grátis), que contém um quadro de Tiepolo e um primoroso relevo de mármore de Tullio Lombardo representando São Sebastião.

GESUITI

Saia pelo norte do *campo*, atrás da igreja, para chegar a uma pequena praça. No fim da Calle del Manganer, vire à esquerda e atravesse duas pontes até chegar ao **Campo dei Gesuiti**. O grande ex-mosteiro jesuíta à direita, com as janelas fechadas por tijolos, já foi usado como quartel e aguarda restauração.

Um pouco adiante, fica **Gesuiti** ❼ (10h-12h, 16h-18h; grátis), uma igreja jesuíta fundada em 1714, em cuja construção não se fez economia: o interior tem um excesso de estuque dourado e de mármore verde e branco profusamente esculpido. O *Martírio de São Lourenço*, de Ticiano, está pendurado no primeiro altar à esquerda.

Bem ao norte da igreja, há uma linda vista da lagoa nas Fondamente Nuove, o calçadão da face norte na beira do canal. Se o tempo permitir, faça um desvio e visite a ilha-cemitério de San Michele (*ver p. 77*), pegando o *vaporetto* 41 ou 42 na direção de Murano e descendo na primeira parada.

SANTA MARIA DEI MIRACOLI

Para chegar ao seu destino, saia do Campo dei Gesuiti por onde entrou, ande até a Calle Muazzo, siga as placas para Ospedale SS. Giovanni e Paolo e Santa Maria dei Miracoli através do Campo S. Canzian até chegar ao Campo Sta. Maria.

Atravesse a ponte e, à direita, está a pomposa igreja de **Santa Maria dei Miracoli** ❽ (Campo Santa Maria dei Miracoli; 2ª-sáb., 10h-17h; igreja da Associação Chorus, *ver p. 13*; pago). Subindo direto da água, a fachada é uma deslumbrante exibição de mármore. No interior, as superfícies são uma visão de rosa pálido e cinza prateado, e as pilastras estão adornadas com flores entrelaçadas, criaturas míticas e sereias brincalhonas.

MURANO, BURANO E TORCELLO

Passe o dia explorando estas três ilhas da lagoa. Assista à fabricação de vidro em Murano, caminhe pelas margens coloridas de Burano e visite as atrações que restam em Torcello, que já foi o principal povoado de Veneza.

Este itinerário tira você do centro de Veneza, inclui várias viagens de *vaporetto*, uma visita aos históricos ofícios dos sopradores de vidro e das rendeiras e outra ao antigo epicentro da cidade.

MURANO

A ilha de Murano é descrita, às vezes, como uma mini-Veneza. Ela não tem o mesmo esplendor da cidade, mas, como Veneza, é composta de ilhas e cortada por canais ladeados de velhas mansões e palácios. Tem até seu Grande Canal. Mas a razão de ser de Murano é a fabricação de vidro. Já no séc. VII havia uma indústria do vidro estabelecida perto de Veneza. No final do séc. XIII as fábricas foram transferidas para Murano, para evitar o risco de incêndio que as fornalhas abertas ofereciam. Os fabricantes de vidro de Murano tinham privilégios raros, mas sua arte era um segredo guardado a sete chaves e era sob pena de morte que eles deixavam Veneza. Mesmo assim, muitos foram atraídos para o exterior no séc. XVI. Os que foram descobertos e uns poucos que revelaram seus segredos na corte de Luís XIV foram condenados à morte. Hoje cerca de 60% do vidro produzido em Murano é exportado. As características do produto local são cores profundas e brilhantes e desenho elaborado.

É fácil chegar à ilha por sua própria conta: os *vaporetti* 41 e 42 partem de Fondamente Nuove, no Cannaregio, ou da plataforma de San Zaccaria, em San Marco (ambos param na ilha de San Michele, *ver p. 77*). Para evitar a pressão dos persuasivos vendedores de vidro, espere até a **parada Museo** ❶ em Murano antes de desembarcar. Placas

---

DISTÂNCIA 5 km
DURAÇÃO Um dia inteiro
INÍCIO *Vaporetto* Museo, Murano
FIM Museo dell'Estuario, Torcello
OBSERVAÇÕES

Para esta excursão, é melhor ter um passe de *vaporetto*, pois você vai precisar viajar em vários barcos diferentes. Para chegar ao ponto de partida, pegue um *vaporetto* que parta de Fondamente Nuove ou San Zaccaria. Tente evitar os fins de semana, quando as ilhas ficam lotadas de turistas. Cuidado com as viagens gratuitas a Murano, oferecidas por vendedores importunos perto da Piazza San Marco – para cada turista que conseguem levar a um *showroom*, esses vendedores ganham uma boa comissão, daí a pressão para comprar e os preços elevados.

Navegando pela lagoa
Muitas partes da lagoa não são navegáveis, em virtude dos lamaçais e bancos de areia, mas barqueiros exímios conseguem avançar através dos canais que se alteram e dos bancos de areia, guiados pelas *bricole* – característicos marcos de navegação.

Artigo genuíno

Infelizmente, muitas das lojas de Murano vendem vidro importado. Só compre vidro de Murano onde estiver estampada a marca "Vetro Artistico Murano". Para mais informações, visite <www.muranoglass.com>.

vão guiar você até o **Museo del Vetro** ❷ (Fondamenta Giustinian 8; tel.: 041-739 586; <www.museiciviciveneziani.it>; 5ª-3ª, 10h-18h, no inverno até 17h; pago), que possui uma coleção respeitável de vidro veneziano. Uma peça especial é a Coppa Barovier (Barovier é uma das dinastias de fabricantes de vidro de Murano), um cálice nupcial do séc. XV adornado com cenas de amor alegóricas.

Santa Maria e São Donato

Ao sair do museu, vire à esquerda e siga a Fondamenta Giustinian até a basílica de **SS. Maria e Donato** ❸ (Campo San Donato; 9h-12h, 16h-19h, fechada dom. de manhã; grátis). Fundada no séc. VII e remodelada em estilo vêneto-bizantino, é a igreja mais bela de Murano. Apesar da restauração desastrada, guarda algumas características importantes: a face externa em colunatas da abside na beira do canal, com seus maravilhosos tijolos decorativos; o pavimento em mosaico do séc. XII, com motivos medievais e animais simbólicos; o teto em quilha de navio; e o mosaico da Virgem e do Menino sobre a abside.

Fondamenta Longa

Refaça o caminho até a plataforma Museo, siga a Fondamenta Longa ao longo do Grande Canal de Murano e atravesse a Ponte Vivarini (às vezes chamada Ponte Longo) – nome de uma família de pintores do séc. XV que viveu em Murano. Da ponte, pode-se ver o **Palazzo da Mula** (na margem oposta, à direita), uma das poucas grandes mansões que restam em Murano.

Fondamenta dei Vetrai

Depois da ponte, à esquerda, fica a igreja gótica de **San Pietro Martire** ❹ (Fondamenta dei Vetrai; 9h-12h, 15h-18h, fechada no dom. de manhã; grátis), que abriga dois lindos retábulos de Giovanni Bellini. O interior também tem espetaculares candelabros de vidro de Murano e janelas de vidro grosso em

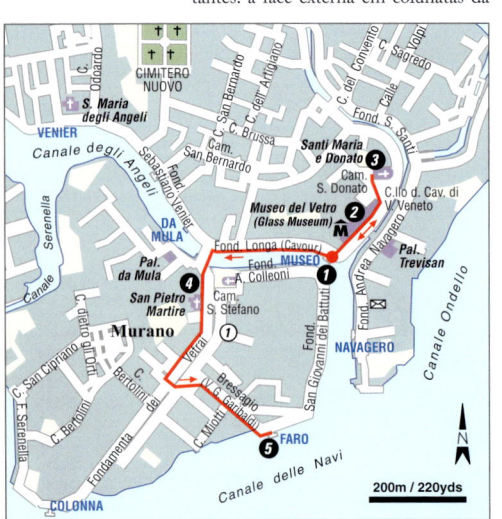

Onde comer

❶ TRATTORIA BUSA ALLA TORRE

Murano, Campo Santo Stefano 3; tel.: 041-739 662; só almoço; €€
Este clássico restaurante veneziano de peixes e frutos do mar funciona desde 1420, e há ainda mais tempo é uma loja de vinhos; na verdade, desde o séc. XII. Mexilhões, peixes grelhados e legumes da lagoa estão entre as muitas delícias que ele oferece.

tons encantadores. Se estiver com fome, atravesse o canal pela ponte que fica logo em frente à igreja e entre no Campo Santo Stefano, para saborear uma refeição na **Trattoria Busa alla Torre**, ver ⑪①.

Depois do almoço, caminhe pela Fondamenta dei Vetrai, o coração da área dos fabricantes de vidro. As fábricas e *showrooms* na beira do canal são uma oportunidade para admirar as habilidades dos sopradores de vidro. De manhã, barcos que vendem produtos frescos no canal contribuem para movimentar o lugar. Se você nunca viu o trabalho de um soprador de vidro, vá a uma das oficinas (não é obrigatório comprar, mas talvez você tenha de ouvir a ladainha do vendedor). Com incrível habilidade, o mestre sopra uma gota de vidro fundido; em seguida, com uma espátula e um par de tenazes, torce, vira, belisca e achata a gota, até que ela tome a forma perfeita de um pássaro ou outro animal. Se você ficar tentado a adquirir um suvenir numa das lojas, cuidado com as imitações que vêm do Extremo Oriente (*ver margem, p. 80*).

Para continuar o passeio até Burano, atravesse o canal na Ponte de Mezo e pegue a Viale Bressagio do outro lado da praça. Esse caminho leva à **parada Murano Faro** ❺, onde você pode pegar o *vaporetto* LN para uma viagem de 30 min. até Burano.

Acima, da esquerda para a direita: cena do canal em Murano; vidro veneziano; exterior de Santa Maria e São Donato.

BURANO

Esta é a mais vibrante das ilhas de Veneza, uma parada animada no caminho para Torcello, seu oposto. Antigamente o centro próspero da lagoa,

Abaixo, da esquerda para a direita: símbolo da ilha; casa colorida e barco em Burano.

MURANO: FONDAMENTA DEI VETRAI

Burano é hoje um lugar de importância secundária, com pomares e jardins, uma igreja românico-gótica, algumas casas simples e umas poucas *trattorie*. Cerca de 5 mil pessoas vivem aqui, muitas delas pescadores ou sopradores de vidro que trabalham nas fábricas de Murano.

Da **plataforma de desembarque** ❻, siga o fluxo pela Via Marcello, passando por barracas de suvenir e casas de cores alegres. Vire à esquerda no fim da rua e atravesse a ponte, virando à esquerda novamente na Fondamenta dei Assasini. Para ver o *cortile* (pátio) mais colorido da ilha, entre na minúscula Via al Gattolo. No n. 339 está a **Casa Bepi** ❼, com sua deslumbrante fachada geométrica e multicolorida.

Se estiver planejando comer, continue em frente, na Via Baldassare Galuppi, a rua principal, que tem o nome desse compositor nascido aqui. Experimente a **Trattoria da Romano**, ver ⑪②, antigamente muito frequentada por artistas, ou a **Osteria ai Pescatori**, ver ⑪③. Fique no peixe – na sopa, no risoto, na massa, frito ou grelhado na hora – e você não vai se desapontar.

Renda e roupa branca

Todas as barracas e lojas de renda e roupa branca da ilha disputam a atenção do turista. Há peças antigas com bons preços no meio das toalhas de mesa, dos guardanapos e das blusas, mas não se iluda com a ideia de que foram feitas à mão em Burano, pois praticamente tudo é fabricado na Ásia. Observe também que os preços na ilha são os mesmos de Veneza.

A queda da República levou ao inevitável declínio da indústria da renda, mas houve um renascimento em 1872, quando se fundou uma escola de renda num esforço de combater a pobreza local. Hoje, Burano é um dos últimos centros de renda artesanal.

Museu da renda

Para ver a renda autêntica de Burano e suas rendeiras, visite o **Museo del Merletto** ❽ (Piazza Galuppi; tel.: 041-730 034; <www.museicivicieneziani.it>; 4ª-2ª, 10h-17h, até 16h no inverno; pago). Aqui, peças antigas ficam expostas em vitrines e mulheres fazem renda seguindo a velha tradição.

Onde comer

② TRATTORIA DA ROMANO
Burano, Via Galuppi 221; tel.: 041-730 030; 4ª-2ª, fechado domingo no jantar; €€
Um restaurante tradicional, localizado na antiga escola de renda da ilha. O interior é iluminado por lustres de vidro e enfeitado com quadros doados por artistas.

③ OSTERIA AI PESCATORI
Burano, Piazza Galuppi 371; tel.: 041-730 650; 5ª-3ª; €€€
Este convidativo restaurante serve peixe e caça. Experimente o risoto de frutos do mar ou o *tagliolini* com sépia.

④ LOCANDA CIPRIANI
Torcello, Piazza Santa Fosca 29; tel.: 041-730 150; fev.-dez.; 4ª-2ª, almoço; €€€€
Este estabelecimento remoto, mas encantador, administrado pelo sobrinho de Arrigo Cipriani, proprietário do Harry's Bar, é uma instituição local. Experimente o peixe grelhado, o filé ou o risoto *alla torcellana*. Reserve com antecedência.

⑤ AL PONTE DEL DIAVOLO
Torcello, Fondamenta Borgognoni 10; tel.: 041-730 401; mar.-dez.; 3ª-dom.; €€€
Ambiente excelente e serviço eficiente neste local rústico e agradável para almoçar. Massas e frutos do mar são as especialidades da casa. Só almoço, embora aceite reservas para jantares especiais.

Volte pelo mesmo caminho até a plataforma do *vaporetto*, para continuar o passeio até Torcello, que fica perto de Burano, na linha T, que parte a cada meia hora.

TORCELLO

É difícil acreditar que esta pequena ilha plana, hoje com cerca de 70 habitantes, já foi o centro de uma civilização próspera. No auge, a população de Torcello era de cerca de 20 mil pessoas, mas, conforme Veneza ganhou poder, veio o declínio. O comércio diminuiu, e as águas se assorearam e se espalharam. Hoje, a catedral, a igreja e um ou outro palácio são o que restou do antigo esplendor. É uma ilha solitária, nostálgica e, se você estiver no clima, romântica.

Da **plataforma de desembarque** ❾, de onde se vê o campanário da catedral, que se eleva na planície pantanosa, siga o caminho rústico ao lado de um canal estreito.

Se chegar na hora do almoço, entre as opções está a **Locanda Cipriani**, ver ⑪④, para seguir os passos de Hemingway, da rainha Elizabeth II, de *sir* Winston Churchill, Charlie Chaplin e Sophia Loren. Uma alternativa menos cara é o agradável e rústico **Al Ponte del Diavolo**, ver ⑪⑤.

Santa Maria dell'Assunta

Depois do almoço, inicie sua visita pelo local onde o povoamento começou: a catedral de **Santa Maria dell'Assunta** ❿ (Piazza di Torcello; mar.-out., diariamente, 10h-18h; nov.-fev., até 17h; pago, um ingresso combinado inclui catedral, campanário e museu). Esta é a igreja mais velha de Veneza, fundada em 639, mas reconstruída do séc. IX ao XI. Observe as fundações do batistério original, à esquerda de quem entra, e as maciças lajes de pedra do séc. XI no lado sul da catedral.

O interior é impressionante, e os mosaicos encantadores estão entre os mais antigos e belos da Itália. A mais admirável de todas as peças é *A Virgem e o Menino*, colocada diante de um fundo dourado brilhante na cúpu-

Acima, da esquerda para a direita: casas coloridas em Burano; mosaicos dourados em Santa Maria dell'Assunta.

Renda de Burano

No séc. XVI, a renda de Veneza e a de Burano eram muito apreciadas, tanto que a corte de Luís XIV chegou a fechar as portas à renda veneziana e criar sua própria indústria real. Todos os meios possíveis foram usados para roubar a indústria de La Seneríssima, induzindo as mulheres a deixar Burano oferecendo-lhes oficinas onde novos padrões – embora influenciados pelos venezianos – eram inventados.

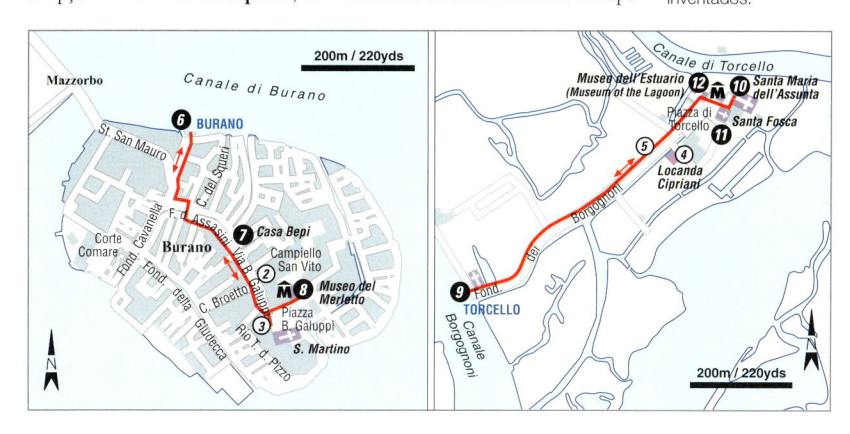

TORCELLO: SANTA MARIA DELL' ASSUNTA

Acima, da esquerda para a direita: cena tranquila na lagoa; o Lido.

la da abside central. Cobrindo a parede oeste está *O juízo final*, um mosaico enorme que conta muitas histórias. Desta extremidade, admire a igreja em sua totalidade: as elegantes colunas de mármore, as vigas de madeira e o arco-cruzeiro esculpido com pavões, leões e flores, coroado com um friso de pinturas dos séc. XV. Depois, suba o campanário para apreciar uma linda vista da lagoa.

Outras atrações
A igreja de **Santa Fosca** ⓫, que se liga à catedral através de um bonito pórtico, foi construída no séc. XI para preservar o corpo de Santa Fosca, a mártir cristã.

Perto da igreja, há uma primitiva cadeira de pedra, conhecida como **Trono de Átila**, que dizem ter sido usada pelo rei dos hunos. Uma teoria mais provável é a de que foi usada pelos tribunos da ilha. Segundo o folclore local, quem se senta na cadeira estará casado dali um ano. Do lado oposto da *piazza*, o **Museo dell'Estuario** ⓬ (diariamente, mar.-out., 10h30-17h30, nov.-fev., 10h-17h; pago) tem achados arqueológicos dos tempos mais antigos da história da ilha.

As balsas saem de Burano para Veneza até tarde da noite. Uma ou duas saem direto de Torcello. O anoitecer, quando o sol se põe na lagoa, é uma bonita hora para retornar.

Ilhas menores

Conforme seu barco navega pela parte norte da lagoa, passando por Murano e seguindo até Burano e Torcello, você verá várias pequenas ilhas. À direita, durante a maior parte da viagem de Murano a Burano, podem-se ver as ilhotas pantanosas e a ilha principal de Sant'Erasmo, onde frutas e verduras são cultivadas para consumo em Veneza. Porém, primeiro, você vai passar por La Vignole, uma ilha onde, no verão, muitos venezianos param para nadar e comer no delicioso restaurante rústico local (Alle Vignole; abr.-set., 3ª-dom.). Tanto La Vignole como Sant'Erasmo são acessíveis pelo *vaporetto* 13, saindo das Fondamente Nuove. O serviço é irregular, portanto, verifique os horários. A balsa vira à esquerda, em torno da ilha deserta de San Giacomo in Palude, uma das muitas abandonadas nos anos 1960. À direita, ao longe, um grupo escuro de ciprestes marca a romântica ilha de San Francesco del Deserto, onde dizem que São Francisco se recolheu em 1220. O transporte público não chega até lá, então você vai precisar alugar o barco de um dos pescadores de Burano. O mosteiro foi reformado recentemente, e os frades franciscanos oferecem visitas guiadas (tel.: 041-528 6863; <www.isola-sanfrancesco deldeserto.it>; 3ª-dom., 9h-11h, 15h-17h; grátis). Sant'Erasmo e San Francesco del Deserto são ilhas agrícolas, conhecidas principalmente pelos aspargos e pelas alcachofras. Sua produção é levada diariamente para os mercados de Rialto.

LIDO

Deixe para trás as atrações da cidade e pegue um vaporetto *até o principal balneário de Veneza, para se refrescar nas águas do Adriático, admirar a arquitetura* belle époque *e, quem sabe, aproveitar um passeio de bicicleta ao longo do quebra-mar.*

A longa faixa de terra de cerca de 11 km, que protege a lagoa do mar Adriático, foi o primeiro balneário da Itália. No séc. XIX, quando não passava de uma língua de areia, Byron, Shelley e outros românticos vinham para cá, para fugir da cidade, passear nas areias brancas e banhar-se nas águas. Na virada do séc. XX, era um dos balneários mais em voga na Europa, e seu nome foi depois usado em dúzias de balneários pelo mundo afora. Pode ser que o Lido tenha perdido prestígio desde que *Morte em Veneza* foi filmado aqui, mas a praia ainda proporciona uma experiência refrescante, essencial num dia de calor intenso. A viagem de balsa pela lagoa leva apenas de 12 a 15 min. e, por si só, já é uma diversão.

DISTÂNCIA 6 km
DURAÇÃO Um dia inteiro
INÍCIO Piazzale Santa Maria Elisabetta
FIM Grand Hotel Excelsior
OBSERVAÇÕES
A menos que você seja rico o bastante para ir de gôndola ou lancha, pegue um *vaporetto* n. 1, 2, 51 (só no verão) ou LN na Riva degli Schiavoni (n. 1, 2, 51 e 61 também saem da Piazzale Roma) para chegar ao ponto de partida. Barcos públicos que ligam o Lido à cidade saem a cada 4 min. aproximadamente. Se estiver com crianças, este passeio é prioritário. No verão, evite os domingos, quando todos os venezianos vêm para cá.

Aluguel de bicicleta
Como você terá uma boa distância a percorrer, talvez queira alugar uma bicicleta. Experimente Gardin Anna Valli (Piazzale S.M. Elisabetta 2A; tel.: 041-760 005) ou Lido on Bike (Gran Viale S.M. Elisabetta 21; tel.: 041-526 8019). O aluguel de bicicletas normalmente custa entre € 10 e € 15 por dia.

CEMITÉRIO JUDAICO E SAN NICOLÒ

No Lido, todas as balsas atracam na **Piazzale Santa Maria Elisabetta** ❶. Carros, ônibus e táxis provocam um choque em quem já está acostumado com as ruas sem tráfego de Veneza. Daqui, você pode pegar um ônibus ou um táxi, alugar uma bicicleta ou ir a pé até o lado leste da ilha pela **Riviera Santa Maria Elisabetta**. O primeiro marco digno de nota é o Tempio Votivo, um edifício circular, construído em 1925 para homenagear as vítimas de guerras. Muitas das casas que se enfileiram nesse trecho da orla marítima foram construídas nos anos 1920 e refletem a moda de reinterpretar a arquitetura veneziana gótica e bizantina.

Cemitério judaico

Mais adiante na orla (depois que ela passa a se chamar Riviera San Nicolò), fica o **Antico Cimitero Ebraico** ❷ (entrada na Via Cipro; tel.: 041-715

Vista aérea

O Lido é o lugar mais importante de Veneza para os esportes, incluindo atividades aquáticas, equitação, tênis e golfe. Se preferir voar, o Aeroclub di Venezia (tel.: 041-526 0808), no aeroporto de San Nicolò, oferece voos de uma hora de duração sobre a cidade.

5359; <www.museoebraico.it>; abr.-set., com visitas guiadas em inglês todo 2º e 4º domingo do mês às 15h30; pago; ligue com antecedência). O uso deste terreno foi concedido à comunidade judaica em 1386, o que reflete o *status* dos judeus em Veneza na época – segregados até na morte, eram trazidos pelo Canale degli Ebrei até o Lido, o cemitério dos excluídos.

San Nicolò

Continuando ao longo da orla da lagoa, você chega à igreja e mosteiro beneditino de **San Nicolò** ❸ (Piazzale San Nicolò; 9h-12h, 16h-19h; grátis). Da igreja, há uma excelente vista da **Fortezza di Sant'Andrea**, um enorme bastião na ilha La Vignole, construído entre 1535 e 1549 para proteger a entrada principal da lagoa. Uma vez por ano, o doge assistia à missa em San Nicolò, depois do ritual do Casamento do Mar no Porto di Lido. Da barcaça cerimonial, ele jogava uma aliança de ouro na água, simbolizando o casamento de Veneza com o mar.

Depois de visitar a igreja, volte na direção do cemitério judaico e vire à esquerda na Via Giannantonio Selva, que leva à Piazzale Ravà e à praia. Uma boa parada para o almoço é no **Beerbante**, ver 🍴①.

Onde comer

① BEERBANTE
Lido di Venezia, Piazzale Ravà 12; tel.: 041-526 2550; fechado 2ª à tarde; no inverno, aberto 6ª-dom.; €€
Saboreie porções de deliciosos peixes e carnes fritos neste descontraído bar de praia. O local já foi uma casa noturna, por isso é grande e espaçoso para refeições.

② LIBERTY RESTAURANT
Hôtel des Bains, Lungomare Marconi 17; tel.: 041-526 5921; €€
Este restaurante *art déco*, ornamentado com afrescos clássicos e candelabros de vidro de Murano, é muito agradável, mas o cenário opulento é mais impressionante que a comida. Há um restaurante de praia e também bufês e refeições leves servidas em torno da piscina.

O LITORAL

A praia em frente à Piazzale Ravà é pública. Porém, sendo gratuita, é menos atraente. Seguindo para oeste, você vai passar pelo novo conjunto **Blue Moon**. O nome é o mesmo de um clube noturno que funcionou aqui nos dias da *Dolce Vita*. É um centro movimentado à noite; durante o dia, oferece terraços e bar e restaurante.

Lungomare G. Marconi

Logo depois do Blue Moon, chega-se ao **Lungomare G. Marconi**, o bulevar onde estão os melhores hotéis e praias. Você pode se refestelar numa das cabanas listradas com confortáveis espreguiçadeiras, mas isso não é barato. Nada melhor do que a praia em frente ao Hôtel des Bains (*ver abaixo*), onde a areia é tratada diariamente. Do contrário, fique na faixa de areia mais próxima da água, de onde ninguém pode enxotá-lo. Pesquisas italianas concluíram que as águas do Lido estão entre as mais limpas da costa adriática.

Hôtel des Bains

O **Hôtel des Bains** ❹ (*ver p. 115*) é o marco mais famoso do Lido, imortalizado por Thomas Mann no romance *Morte em Veneza*, de 1912. O livro conta a história de Gustav von Aschenbach, um escritor que não consegue escrever e vem para Veneza para descansar. O cenário da lagoa, porém, provoca nele uma crise de meia-idade, e von Aschenbach se apaixona por um rapaz polonês que também está hospedado no hotel. A adaptação de 1971 para o cinema, do diretor italiano Luchino Visconti, estrelada por Dirk Bogarde e filmada no Lido, deu grande repercussão ao livro. Se quiser reviver cenas do filme, faça uma refeição no **Liberty Restaurant**, ver ⑪②.

Os palácios do Lido

Mais adiante, ao longo da costa, o antigo **Palazzo del Casinò** (hoje um centro de convenções) e o **Palazzo della Mostra del Cinema** ❺ são típicos da arquitetura fascista dos anos 1930. No fim de agosto/início de setembro, as celebridades se reúnem neste último palácio para o Festival de Cinema (*ver p. 23 e abaixo*).

Termine seu passeio admirando o exuberante **Excelsior Hotel** ❻, de estilo neobizantino do final do séc. XIX e início do séc. XX.

Acima, da esquerda para a direita: cabanas de praia no Lido; o restaurante Liberty, no Hôtel des Bains.

Festival de Cinema de Veneza

O Festival de Veneza é o mais antigo do mundo e hoje rivaliza com Cannes em prestígio e com a Côte d'Azur em brilho. Nos primeiros tempos, celebrou desempenhos magistrais, como o de Greta Garbo em *Anna Karenina* (1935) e de Lawrence Olivier em *Hamlet* (1948), ao mesmo tempo que diretores do calibre de John Ford e Auguste Renoir traziam *glamour* para o Lido. Os dias de glória coincidiram com a *Nouvelle Vague* dos anos 1960, uma fama selada pelos filmes de Godard, Pasolini, Tarkovsky e Visconti. Hoje, o Festival de Veneza foi inteiramente tomado pelo brilho de Hollywood, com grandes nomes ainda ocupando lugar de destaque, mesmo que os merecedores filmes de arte triunfem no final. O filme de abertura em 2008 foi *Queime depois de ler*, dos irmãos Coen, com um elenco de estrelas que incluiu George Clooney e Brad Pitt – mas o vencedor do cobiçado Leão de Ouro para melhor filme foi *O lutador*, do cineasta nova-iorquino Darren Aronofsky.

VENEZA EM UM DIA

Cerca de 7 milhões de pessoas por ano (quase metade das que visitam a cidade) fazem viagens de um dia a Veneza. Se estiver entre elas e quiser um programa para uma visita rápida, siga este itinerário, que reúne atrações de muitos dos outros roteiros.

Acima: no Grande Canal; ponte de Rialto.

Para encompridar a viagem
Tem mais tempo? Sempre se pode explorar mais a fundo o sul de Dorsoduro (ver itinerário 7, p. 57) ou voltar na direção de San Rocco e apreciar a igreja dos Frari e o bairro de San Polo (ver itinerário 9, p. 65).

DISTÂNCIA 3 km
DURAÇÃO Um dia inteiro
INÍCIO/FIM Stazione Ferroviaria Santa Lucia
OBSERVAÇÕES
Este itinerário foi planejado para o período entre 9h e 17h, com tempo para almoço e lanches. Se estiver viajando de trem, lembre-se de reservar tempo suficiente para voltar à estação – de San Tomà à ferroviária são 30 min. no vaporetto n. 1 ou 15 min. no vaporetto n. 2, por exemplo. Também é uma boa ideia comprar um bilhete de 12 horas (€14), já que você vai usar esse meio de transporte várias vezes ao dia. Observe que este passeio pode facilmente começar na Piazzale Roma, onde se pega o vaporetto n. 1. Calce sapatos confortáveis e use filtro solar no verão. Quem tiver limitação de tempo e quiser condensar ainda mais o passeio deve pegar o vaporetto n. 2, que faz menos paradas.

Embora num único dia se possa conhecer superficialmente a longa história social, cultural e artística de Veneza, este itinerário o levará, de manhã, à grande Piazza San Marco e, à tarde, a uma praça animada e muito apreciada pela gente do lugar. Essa mistura tem a intenção de despertar seu apetite por Veneza e deixá-lo com vontade de voltar.

GRANDE CANAL E RIALTO

Comece na **Stazione Ferroviaria Santa Lucia** ❶, pegando o vaporetto n. 1 para uma viagem de 13 min. até a parada Rialto Mercato. Aprecie a fantástica arquitetura ao longo do Grande Canal, prestando atenção especial à Ca' d'Oro (ver p. 37 e 77), de estilo gótico ornamentado.

Os mercados de Rialto
Desembarque em **Rialto Mercato** ❷, siga em frente até o Campo Bella Vienna e, se estiver chegando em qualquer outro dia que não o domingo, aprecie os lugares, aromas e sons do famoso mercado de Rialto (ver p. 70). O Rialto, primeira área de Veneza a ser povoada, há muito é o centro comercial da lagoa.

Primeiro, vire à esquerda e ande um pouco pela Erberia, com seus bares à beira do canal (ver p. 71), neste que é um bom lugar para fotografias. Voltando ao Campo Bella Vienna, vire à direita na Casaria, que o conduzirá através das barracas de produtos frescos, na direção de dois mercados de peixe cobertos, **Pescheria** ❸ (3ª-sáb.; *ver p. 71*). O mercado é um ótimo lugar para comprar lanches para a próxima parte de sua jornada.

Da Pescheria, entre em qualquer uma das ruas à esquerda e siga para o sul pela Ruga degli Speziali, a rua dos comerciantes de especiarias, onde se pode sentir o aroma dos grãos de café e das especiarias que ainda são vendidas numas poucas mercearias. Se quiser tomar um café ou fazer uma refeição leve, composta por alguns *cicchetti* tradicionais (a versão veneziana das *tapas*; *ver p. 16*), vá até o minúsculo **All'Arco**, ver ⓘ①, excelente lugar para uma parada.

Ponte de Rialto

No retorno à Ruga degli Speziali, continue para o sul na Ruga dei Orefici, passe pela igreja de San Giacomo di Rialto (a mais antiga de Veneza; *ver p. 72*) e atravesse a **Ponte di Rialto** ❹ (*ver p. 73*). Até o séc. XIX, esta ponte era o único ponto fixo para atravessar o Grande Canal, o que fez dela um local importante para os mercadores.

Fondaco dei Tedeschi

Logo em frente, a construção ligeiramente à esquerda é o **Fondaco dei Tedeschi** ❺ (*ver p. 73*), hoje agência central do correio. Antigamente, os alemães usavam este edifício como armazém, escritório comercial e alojamento para alemães que comerciavam na lagoa.

Acima, da esquerda para a direita: gôndolas na beira do canal, perto da Piazza San Marco; interpretação moderna do *bacaro* tradicional (*ver p. 16*) no *sestiere* San Marco.

> **Onde comer**
> ① **ALL'ARCO**
> San Polo 436, Calle dell'Occhialer; tel.: 041-520 5666; 2ª-sáb.; €
> Esta *osteria* muito pequena tem poucas mesas, sempre disputadas pelos clientes regulares e pelos turistas bem informados. Os proprietários simpáticos servem alguns dos melhores *cicchetti* da cidade e também sanduíches e *crostini*.

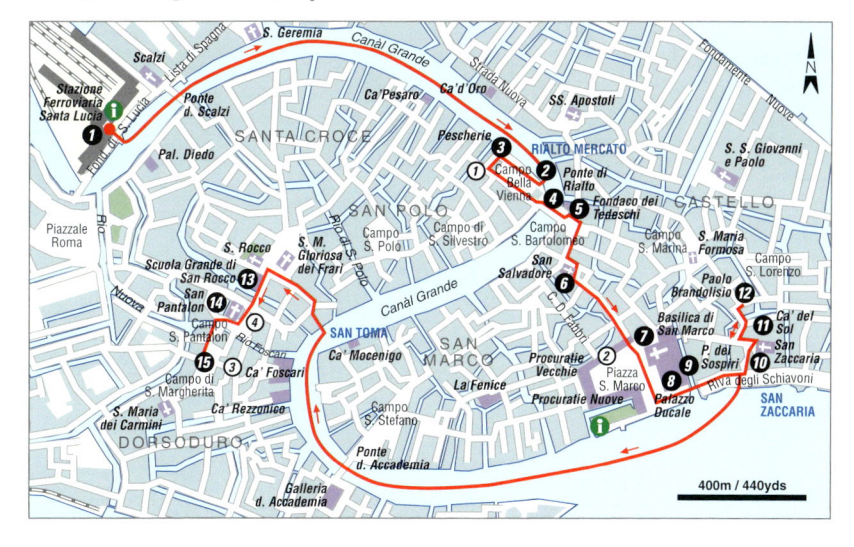

Almoce cedo
Ao planejar a parada para o almoço, certifique-se de que não terá de esperar muito. Grande parte dos restaurantes menores fecha entre o almoço e o jantar, e pode ser que os encontre de portas fechadas.

Acima: escultura de Adão no Palácio dos Doges; Ponte dos Suspiros.

SAN MARCO

Saindo da ponte e entrando direto na Salizzada Pio X, você está no bairro de San Marco (ver p. 28 e p. 46), mais famoso por sua *piazza*, mas que também abriga muitas outras belas atrações.

San Salvadore
Vire à direita na Marzarietta (também conhecida como Via 2 Aprile) até chegar à igreja de **San Salvadore** ❻ (Campo San Salvadore; 2ª-sáb., 9h-12h, 15h-18h; dom., 15h-19h; grátis). A igreja, construída no séc. XVI, tem duas encantadoras obras de Ticiano, uma *Anunciação*, localizada no terceiro altar à esquerda, e *A transfiguração*, no altar-mor. O túmulo de Caterina Cornaro, rainha de Chipre, está no transepto sul. O destino de Caterina resume o uso do casamento como garantia política na história de Veneza. Quando era jovem, ela se casou com o rei de Chipre, para selar os laços entre Veneza e aquele país. Em 1474, quando o marido morreu – alguns dizem que numa conspiração dos venezianos –, ela herdou o reino.

Onde comer
❷ **CAFFÈ QUADRI**
Procuratie Vecchie, Piazza San Marco; tel.: 041-522 2105; diariamente, 3ª-dom. no inverno; €€€
Além do bar famoso, este é o único restaurante propriamente dito na *piazza*. Serve pratos venezianos e criativas interpretações da cozinha italiana clássica. O grelhado e o risoto de frutos do mar são recomendados. Essencial fazer reserva.

Veneza acabou por "persuadi-la" a trocar Chipre pela pequena cidade de Asolo, no Vêneto.

Saindo da igreja, entre na Mercerie S. Salvadore e siga para o sul, continuando em frente até entrar na Piazza San Marco sob a Torre dell'Orologio (ver p. 35).

Piazza San Marco
Você acaba de chegar ao único lugar de Veneza que vale o título de *piazza*. Napoleão a chamava de "a mais elegante sala de visitas da Europa", embora isso nos faça imaginar por que, em seguida, ele derrubou uma parte dela – hoje o local da Ala Napoleônica –, destruindo a igreja de San Geminiano, de Sansovino, nesse processo.

Se tiver tempo, saboreie um *spritz*, aperitivo tradicional feito com Campari ou Aperol e *prosecco*, num dos cafés da praça, como o **Caffè Quadri**, ver 🍴❷, ou seu concorrente, o **Caffè Florian** (ver p. 29).

Basilica di San Marco
A próxima parada é a **Basilica di San Marco** ❼ (Piazza San Marco; tel.: 041-522 5205; diariamente, 9h45-16h45; ingresso pago apenas para o Museo di San Marco, a Pala d'Oro e o Tesoro; ver p. 28). Para aproveitar bem seu tempo, reserve o ingresso com antecedência na Alata (<www.alata.it>). Uma alternativa, caso você esteja com bagagem, é guardar suas malas no vizinho Ateneo Basso (muito próximo da Piazzetta Leoncina na Calle San Basso), onde você recebe uma etiqueta que permite a entrada sem fazer fila.

Antigamente, a basílica era a capela particular do doge veneziano, por isso sua decoração foi feita para impressionar. As visitas duram apenas 10 min., pois os turistas são empurrados por um trajeto marcado com cordas, mas dá tempo de apreciar o impressionante interior em mosaico. Não deixe de entrar no Museo di San Marco, onde você poderá admirar os cavalos de bronze originais, trazidos de Constantinopla, que coroavam a porta principal da basílica (os que estão lá atualmente são cópias), e também uma vista fantástica da praça.

Palácio dos Doges

Embora neste itinerário realmente não haja tempo para visitar o **Palazzo Ducale** ❽ (*ver p. 32*), é claro que você pode admirar a gloriosa fachada gótica, em que a pedra branca e o mármore rosado produzem um efeito deslumbrante. Se tiver tempo, examine com mais cuidado alguns dos capitéis das colunas que circundam o edifício. O do canto esquerdo, o mais próximo da Basílica di San Marco, é uma representação do julgamento de Salomão. Outros capitéis representam profissões, animais e mercadorias típicas da República de Veneza. Todos são exemplos do uso da arquitetura para enaltecer uma cidade.

Deixe a praça em direção à lagoa, passando por duas colunas encimadas por São Teodoro, antigo santo padroeiro de Veneza, e pelo Leão Alado, símbolo de São Marcos e padroeiro atual da cidade.

O píer e a Ponte dos Suspiros

Vire à esquerda no píer, conhecido como Molo. De pé na apinhada Ponte della Paglia, você conseguirá ver de relance a **Ponte dei Sospiri** ❾ (*ver p. 34*), construída para levar os criminosos da prisão para as cortes de justiça.

Enquanto estiver caminhando para leste, ao longo do Molo, a margem do canal mais próxima da basílica, olhe para a lagoa, para ver San Giorgio Maggiore (*ver p. 62*).

Acima, da esquerda para a direita: mosaico dourado na Basilica de San Marco; o Molo e as colunas de São Marcos e São Teodoro, que sinalizavam a entrada de Veneza.

Abaixo: a Basilica di San Marco, com o Palácio dos Doges logo à direita.

Acima: interior do ateliê de máscaras Ca' del Sol, na Fondamenta dell'Osmarin.

Abaixo: a Riva degli Schiavoni, o calçadão na beira do canal a sudeste da Piazza San Marco.

CASTELLO

Depois de passar pela Ponte del Vin, entre no segundo *sottoportego* à esquerda, para logo sair no Campo San Zaccaria. Você está na área de Castello (*ver p. 50*), o maior *sestiere* da cidade. Depois da movimentada Riva degli Schiavoni, na beira do canal, o bairro é um bom lugar para conhecer o cotidiano de Veneza, com vielas escuras que desembocam em praças iluminadas, bonitos canais e algumas das igrejas mais impressionantes da cidade.

San Zacaria

Grande parte dos terrenos daqui já pertenceu ao convento de São Zacarias, que recebia mulheres da elite veneziana, incluindo irmãs do doge, frequentemente contra a vontade delas. Entre rapidamente na igreja de **San Zaccaria** ❿ (2ª-sáb., 10h-12h, 16h-18h; dom., 16h-18h; pago; *ver p. 50*), especialmente para ver a emocionante *Conversação sagrada*, de Giovanni Bellini, no primeiro altar à esquerda.

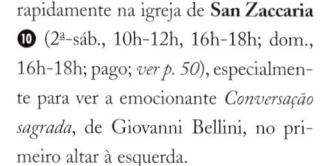

Fabricantes de máscaras

Não se pode curtir Veneza sem apreciar também a importante história do artesanato na cidade. Saia da praça pelo arco do canto norte, vire à direita no Campo San Provolo, atravessando um *sottoportego*, para chegar à Fondamenta dell'Osmarin. À direita, você verá a **Ca' del Sol** ⓫, no n. 4964. Este ateliê de máscaras dá continuidade à antiga tradição das máscaras de papel machê feitas à mão, que representam personagens da *commedia dell'arte* (*ver p. 69*) na maioria das vezes. A ideia do anonimato criado pelas máscaras agradava muito aos venezianos, especialmente durante o Carnaval, já que possibilitava a livre mistura das classes.

Oficinas de gôndolas

Do outro lado da rua, na estreita Calle Corte Rota, fica a oficina de **Paolo Brandolisio** ⓬ (n. 4725). Paolo é *remèri*, nome dado ao artesão que fabrica *forcole* (toletes esculpidos que dão apoio aos remos das gôndolas) e remos. Esta é uma das quatro oficinas que produzem essa parte da gôndola. A *forcola* é feita de um tronco de madeira envelhecida. Sua forma esculpida permite o movimento correto dos remos. Não são permitidas visitas aqui, mas você pode espiar da porta. Se você chegar no intervalo do trabalho dos artesãos, eles talvez se disponham a responder às suas perguntas.

Neste ponto, volte para o Molo pelo mesmo caminho. Em seguida, ande um pouco para leste na Riva degli Schiavoni. Daqui, pegue o *vaporetto* n. 1 ou n. 2 em **San Zaccaria** para subir o Grande Canal até a **parada San Tomà**, apreciando a paisagem ao longo do trajeto (ver p. 36).

SAN POLO

O *vaporetto* vai deixar você no bairro de San Polo, que acompanha a curva da margem esquerda do Grande Canal. Aqui estão duas das atrações mais importantes da cidade: os Frari, uma enorme igreja franciscana que guarda obras-primas de Ticiano e Bellini, e a Scuola di San Rocco, que visitaremos em seguida.

Scuola Grande di San Rocco

Da plataforma do *vaporetto*, siga em frente e vire à direita no Campo San Tomà. Siga as placas para sair da praça, a fim de ver a obra-prima de Tintoretto, a **Scuola Grande di San Rocco** ⓭ (Salizzada San Rocco; tel.: 041-523 4864; <www.scuolagrandesanrocco.it>; diariamente; abr.-out, 9h-17h30; nov.-mar., 10h-17h; pago; ver p. 65).

DORSODURO

Durante a maior parte do restante deste itinerário, será explorada a parte oeste do bairro artístico de Dorsoduro, animada pelos estudantes da Universidade Ca' Foscari.

Entre na Calle Fianco della Scuola, ao lado da instituição. Depois, atravesse a ponte e, no final, vire à esquerda e à direita na Calle San Pantalon. Esse caminho o levará até a praça de mesmo nome. **San Pantalon** ⓮ (Campo San Pantalon; 2ª-sáb., 8h-10h, 16h-18h; grátis) tem um enorme afresco de Fumiani no teto. Do lado esquerdo da praça, perto do canal, observe a antiga laje que lista variedades de peixe e o tamanho mínimo que eles devem atingir para serem vendidos.

Campo di Santa Margherita

Atravesse a ponte sobre o rio Foscari e ande até o **Campo di Santa Margherita** ⓯, uma praça retangular movimentada pela atividade local. Um bom lugar para relaxar depois de um dia intenso de passeio é **Ai Do Draghi**, ver 🍴③, logo na praça, ou **Arca**, ver 🍴④, no caminho de volta a San Pantalon.

Depois de descansar seus pés e observar as pessoas – em geral, esta área é cheia de moradores –, refaça o caminho até o *vaporetto* San Tomà. Para ir de barco daqui à estação de trem, reserve de 30 a 40 min. aproximadamente.

Acima, da esquerda para a direita: vitrine do ateliê de máscaras Ca' del Sol, no Castello; rua e canal secundários em Dorsoduro.

Onde comer

③ AI DO DRAGHI
Dorsoduro 3665, Campo Santa Margherita; tel.: 041-528 9731; diariamente; no inverno, 6ª-4ª; €
Um pequeno bar, com um *spritz* delicioso, *tramezzini* de queijo brie, presunto cru defumado e um bom vinho.

④ ARCA
Dorsoduro 3757, Calle Lunga San Pantalon; tel.: 041-524 2236; 2ª-sáb. até meia-noite; €€
O restaurante Arca combina trattoria e *pizzaria* com uma excelente *cicchetteria* na frente, do lado de fora. Muito apreciado pelos estudantes da universidade local.

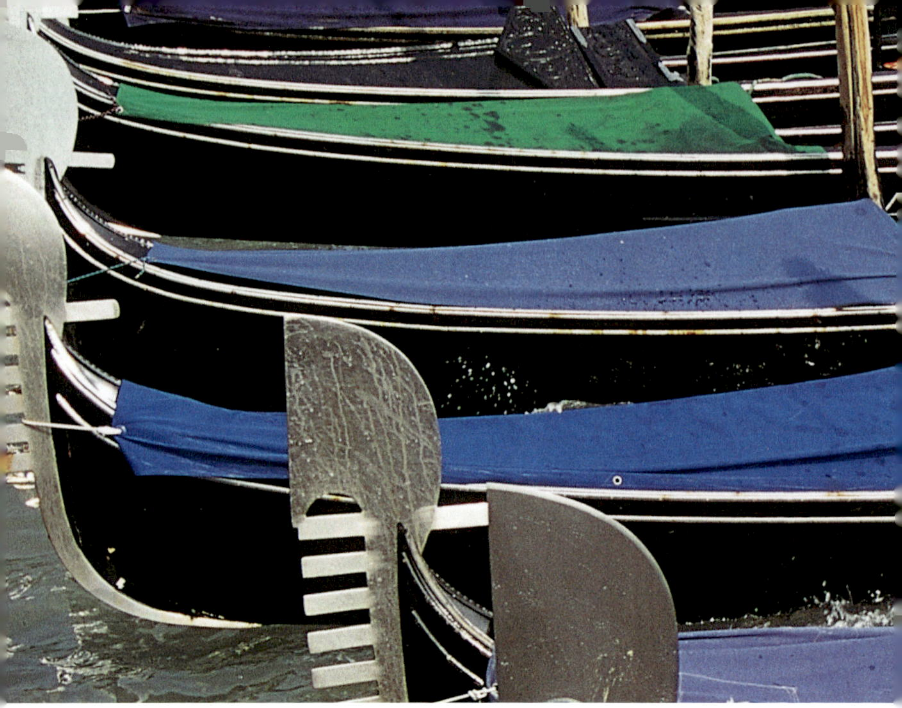

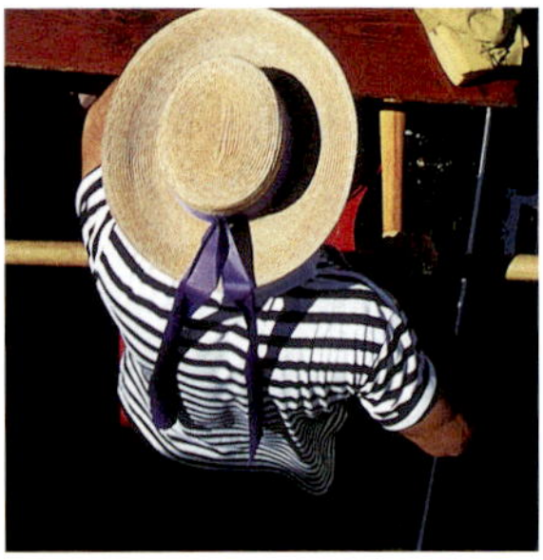

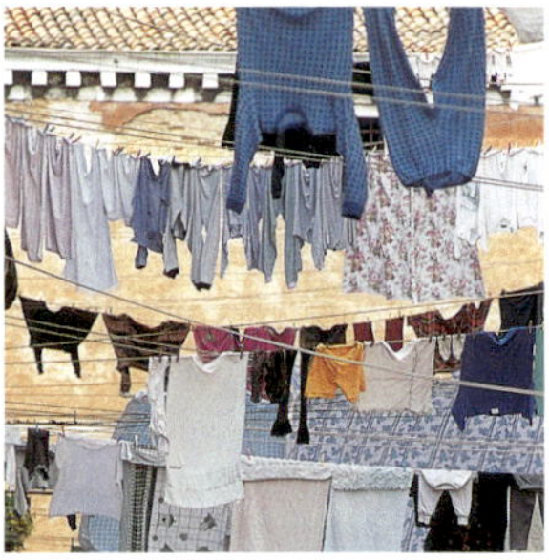

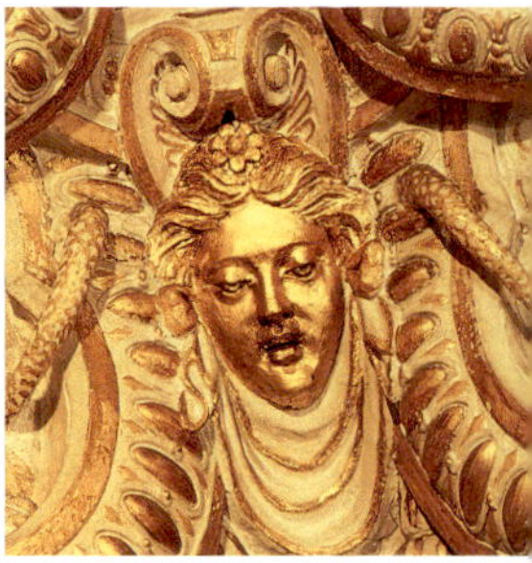

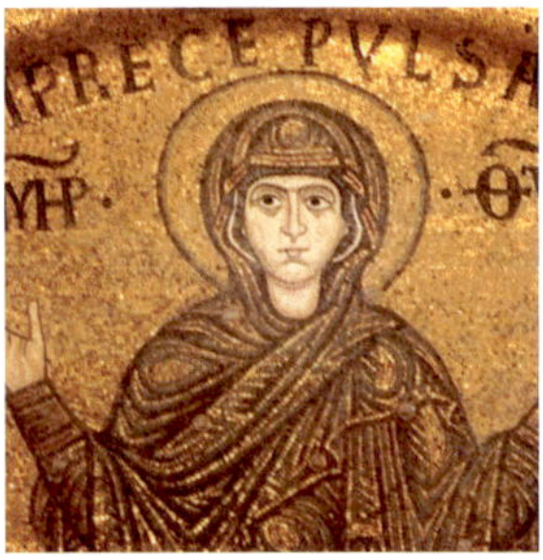
PRECE PVLS

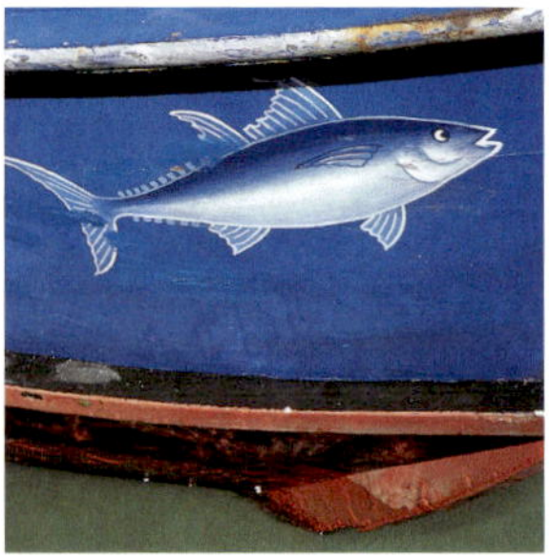

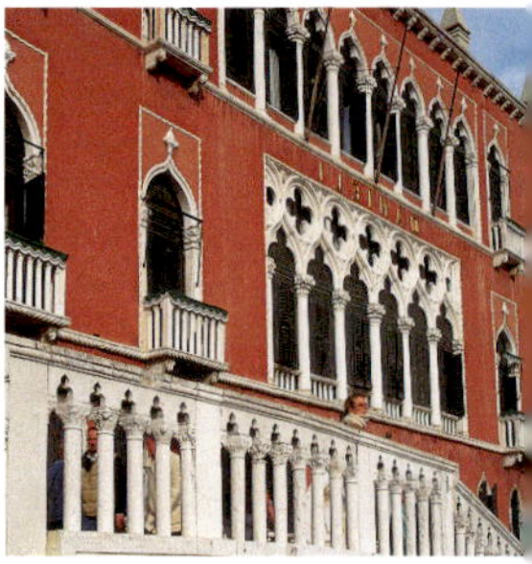

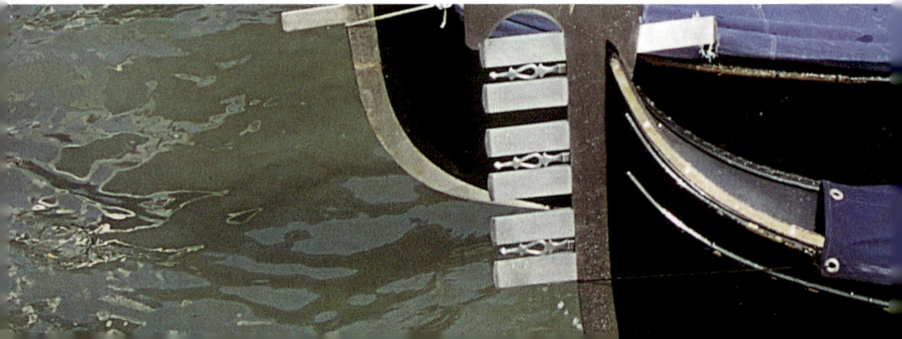

INFORMAÇÕES

Informações práticas e sugestões de hotéis e restaurantes, para todos os gostos e bolsos, organizadas por assunto e em ordem alfabética, mais todos os segredos da vida noturna.

A-Z	96
HOSPEDAGEM	110
ONDE COMER	116
VIDA NOTURNA	122

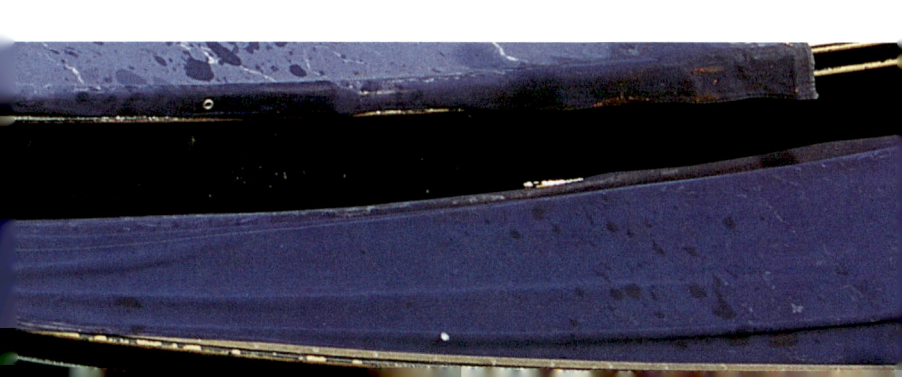

A-Z

A

ALBERGUES DA JUVENTUDE

Em Veneza, há 6 albergues da juventude (*ostelli della gioventù*), 3 deles na Giudecca, a melhor localização. Recomenda-se especialmente o Ostello Venezia (Fondamenta delle Zitelle 86, Giudecca; tel.: 041-523 8211; <www.hostelvenice.org>).

ALFÂNDEGA E REGRAS DE ENTRADA NO PAÍS

Para cidadãos de países da UE, é necessário apenas passaporte válido ou carteira de identidade para entrar na Itália e permanecer por até 90 dias. Para os cidadãos brasileiros em viagem de turismo, é necessário passaporte brasileiro válido e documentação que justifique os motivos, a duração e as condições da permanência; para até 90 dias também não é preciso visto.

Vistos. Para permanência superior a 90 dias, é exigido visto (*permesso di soggiorno*) ou autorização de residência. As regras mudam às vezes, portanto, verifique na embaixada italiana de seu país antes de viajar.

Alfândega. É permitido o comércio livre de mercadorias de uso pessoal não isentas de taxas aduaneiras em países da União Europeia. Verifique na agência reguladora de seu país (no Brasil, a Receita Federal) qual é a lista atual de restrições de importação.

Limite de valores. Turistas podem entrar na Itália com qualquer quantia em moeda italiana ou estrangeira.

B

BANHEIROS

Há banheiros públicos (*toilette*, *gabinetti*), geralmente de padrão razoável, mas pagos, no aeroporto, na estação ferroviária, nos estacionamentos e em algumas praças principais da cidade. Você pode usar as instalações dos restaurantes, bares e cafés, mas apenas se consumir alguma coisa. *Signori* significa homens; *signore*, mulheres.

C

CLIMA

O inverno veneziano é realmente frio e o verão, quente; a temperatura no resto do ano fica entre os dois. Os ventos do Adriático e as inundações ocasionais significam que Veneza pode ficar úmida e um tanto fria, embora arejada, entre novembro e março. Em junho, julho e agosto, pode ficar abafada – ar-condicionado é essencial para uma boa noite de sono.

CORREIOS

A agência central (*ufficio postale*; 2ª-sáb., 8h30-18h30) fica no interior do Fondaco dei Tedeschi, em Rialto. As duas subagências principais (ambas 2ª-6ª, 8h30-14h; sáb., 8h30-13h) ficam nas Zattere (Dorsoduro) e na Calle dell'Ascensione, perto da Piazza San Marco. O saguão da agência central pode ser usado 24 horas por dia para faxes e encomendas expressas.

Selos (*francobolli*) são vendidos nas agências dos correios e nas tabacarias (*tabacchi*) assinaladas com uma característica placa "T".

CRIME E SEGURANÇA

Embora Veneza seja uma das cidades mais seguras da Itália, os batedores de carteira e os ladrões de bolsa não são raridade, e os turistas são os alvos preferidos, especialmente nas áreas apinhadas de gente em torno de Rialto e San Marco. Leve com você apenas o absolutamente necessário; deixe no cofre do hotel passaportes, passagens aéreas e todos os cartões de crédito, com exceção daquele que vai usar. Use um cinto especial para dinheiro ou carregue os valores num bolso interno. Para as mulheres, uma bolsa pequena com alça, cruzada sobre o peito ou debaixo do casaco no inverno, é uma boa opção.

Tome cuidado no transporte público lotado, ao embarcar nos *vaporetti* ou desembarcar deles, no aperto em torno de San Marco e em ruas desertas.

Faça cópias do passaporte, das passagens aéreas, da carteira de motorista e de outros documentos essenciais, para facilitar o registro de algum roubo e conseguir sua segunda via. Avise a polícia imediatamente em caso de roubo e faça o boletim de ocorrência para apresentar à companhia de seguros.

As mulheres devem evitar lugares escuros e afastados, embora o perigo em geral seja mais de assédio do que de ataque.

D

DEFICIENTES

Embora as numerosas vielas estreitas de Veneza e as pontes com degraus tornem a cidade difícil para turistas deficientes, há meios de se locomover e ver, pelo menos, algumas das principais atrações. Os *vaporetti* maiores (como os de n. 1 e 2) têm acesso para cadeiras de rodas, mas os *motoscafi*, menores, devem ser evitados.

Se você fala italiano, a organização Informa Handicap tem um site (<www.comune.venezia.it/informhandicap>) e uma agência na Ca' Farsetti, Riva del Carbon, San Marco 4136; tel.: 041-274 8144. O Departamento Central de Turismo no Pavilhão de Veneza (*ver p. 105*) fornece mapas com itinerários que marcam áreas acessíveis, pontes com rampas e banheiros adaptados. Chaves para operar as pontes acessíveis são fornecidas no Departamento de Turismo; e seu livreto *Where to Stay*, indica os hotéis total ou parcialmente adequados para deficientes.

As atrações acessíveis (observe que não há diferenciação entre acesso total e parcial) incluem a Basilica di San Marco, o Palácio dos Doges, a Ca' Rezzonico, as igrejas dos Frari, La Salute, San Zanipolo, San Giorgio Maggiore e o Museo Correr.

Acima, da esquerda para a direita: Hotel Danieli; ponte e casario colorido em Castello.

DINHEIRO

Moeda. A unidade monetária da Itália é o euro (€), que é dividido em 100 centavos. Existem notas nos valores de 500, 200, 100, 50, 20, 10 e 5 euros. Há moedas de 2 e 1 euro, e de 50, 20, 10, 5, 2 e 1 centavo.

Câmbio. Casas de câmbio em geral ficam abertas de segunda a sexta, mas os horários variam. Tanto as casas de câmbio quanto os bancos cobram comissão. Os bancos, quase sempre, oferecem taxas mais altas e comissões menores. Normalmente, exige-se passaporte.

Caixa automático. Há caixas automáticos para trocar dinheiro (*bancomat*) na maioria dos bancos, e essa é uma forma prática de saque. Há caixas automáticos independentes (não vinculados a bancos) no centro da cidade.

Cartões de crédito e cheques de viagem. A maioria dos hotéis e restaurantes aceita cartões de crédito. Se sua bandeira estiver na entrada de um estabelecimento, ele é obrigado a aceitá-lo, embora alguns locais tentem recusá-lo. Os cheques de viagem são aceitos em quase todo lugar, mas você consegue um valor mais alto por eles se trocá-los em bancos. Leve o passaporte para trocá-los.

DIREÇÃO

Veneza é fechada ao tráfego. O mais perto que se consegue chegar do centro num carro é a Piazzale Roma, onde há dois grandes edifícios-garagem. Há também um edifício-garagem enorme na vizinha ilha-estacionamento de Tronchetto, o terminal da balsa do Lido, onde é permitido andar de carro. Há ainda dois estacionamentos no continente, em Mestre San Giuliano e Fusina, ambos com acesso fácil a Veneza, de ônibus.

Embora os estacionamentos ao ar livre sejam vigiados dia e noite, é sensato não deixar nada de valor no carro.

E

ELETRICIDADE

A corrente elétrica é 220 V, CA , e as tomadas são para plugues de dois pinos redondos. Traga um adaptador múltiplo (*una presa multipla*).

EMBAIXADA E CONSULADO-GERAL

Não há consulado brasileiro em Veneza. **Embaixada em Roma**: Piazza Navona 14; tel.: 06-683 981; fax: 06-686 7858; e-mail: info@ambrasile.it; <www.ambasciatadelbrasile.it>.
Consulado-geral em Milão: Corso Europa 12, 1º e 5º andares; tel.: (0039) 02 777 107 1; e-mail: informa@brasile-milano.it.

EMERGÊNCIAS

Ambulância: 118
Bombeiros: 115
Carabinieri: 112 (emergência policial)
Polícia: 113

F

FERIADOS

Os bancos, as agências governamentais e a maioria das lojas e dos museus fecham nos feriados (*giorni festivi*). Se o feriado cair numa quinta ou terça, os italianos costumam fazer ponte com o fim de semana, o que inclui as sextas ou segundas.

Os feriados mais importantes são:
1º janeiro Capodanno/Primo dell'Anno
6 janeiro Epifania
25 abril Festa della Liberazione
1º maio Festa del Lavoro (Dia do Trabalho)
15 agosto Ferragosto (Assunção)
1º novembro Ognissanti (Todos os Santos)
8 dezembro Immacolata Concezione (Imaculada Conceição)
25 dezembro Natale (Natal)
26 dezembro Santo Stefano (Santo Estêvão)
Data móvel Pasquetta (segunda-feira de Páscoa)

A Festa della Salute, em 21 de novembro, e a do Redentor, no terceiro domingo de julho, são feriados venezianos especiais, quando muitas lojas fecham.

FUMO

Em 2005, o fumo foi proibido nos espaços públicos fechados em toda a Itália. Os estabelecimentos comerciais podem ser multados em até € 2 mil, e os fumantes em até € 275 por desrespeitar a lei.

FUSO HORÁRIO

A Itália fica uma hora além da hora de Greenwich. Do último domingo de março até o último domingo de outubro, os relógios são adiantados em uma hora.

G

GORJETA

Geralmente, uma taxa de serviço de 10% ou 20% é acrescida às contas de restaurante, portanto não é necessário dar uma gorjeta muito alta – talvez apenas arredondar o valor para cima. No entanto, é comum gratificar mensageiros de hotel, carregadores, guias de turismo e os gondoleiros idosos que auxiliam no embarque e desembarque.

GUIAS E PASSEIOS

O Departamento de Turismo (*ver p. 105*) fornece uma lista de guias de turismo qualificados, se você quiser um itinerário personalizado para algum lugar especial ou sobre algum tema específico de Veneza. Durante o ano todo, há passeios padronizados (com reserva por intermédio dos hotéis e das agências de viagem), incluindo um passeio a pé por San Marco, com duas horas de duração, que contempla a basílica e o Palácio dos Doges; um passeio a pé e de gôndola, também com duas horas de duração, que cobre os Frari e o Grande Canal; um passeio noturno de gôndola com serenata, durante uma hora; e um passeio pelas ilhas, com três horas de duração. Fazer essas excursões organizadas

Acima, da esquerda para a direita: teto no Palácio dos Doges; mosaico dourado na Basílica di San Marco.

custa mais do que visitar os mesmos lugares sozinho.

Um cruzeiro ao longo do canal Brenta até Pádua, a bordo da lancha *Burchiello* (<www.burchiello.it>), com 200 lugares, é um passeio interessante (e caro) que dura um dia inteiro; faça reserva por intermédio de agências de viagem locais ou hotéis. O retorno é feito de ônibus.

Igrejas da Associação Chorus
O **Chorus** (tel.: 041-275 0462, <www.chorusvenezia.org>; *ver também p. 13*), um programa de preservação das igrejas da cidade, oferece visitas guiadas, mar.-jun. e set.-out., em muitas delas. Vende também um passe com desconto (€ 9), válido para 15 igrejas. Visitas gratuitas à basílica no verão. O passeio Rotas Secretas (*Itinerari Segreti*; pago) mostra ao turista o vaivém da vida no Palácio dos Doges.

Palestras noturnas sobre a arte e a história de Veneza são realizadas nos meses de verão. Detalhes no Departamento de Turismo. Para mais informações sobre visitas guiadas, consulte <www.tours-italy.com>.

H

HORÁRIOS DE FUNCIONAMENTO

Bancos. 2ª-6ª, 8h30-13h30, 14h35-15h35.

Bares e restaurantes. Alguns cafés e bares abrem para o café da manhã, mas outros só por volta do meio-dia; a maioria fecha cedo, por volta das 22h30-23h. Quase todos os restaurantes fecham pelo menos um dia na semana; alguns fecham em certos períodos de agosto, janeiro e fevereiro.

Igrejas. As 15 igrejas da Associação Chorus (*ver p. 13 e 99*) abrem 2ª-sáb., 10h-17h. Os Frari também abrem dom., 13h-18h. Outras igrejas geralmente abrem 2ª-sáb., de cerca de 8h-12h e das 15h ou 16h até 18h ou 19h. Os horários aos domingos variam, algumas só ficam abertas para as missas matutinas.

Museus e galerias. Alguns fecham um dia na semana (geralmente, 2ª ou 3ª); do contrário, abrem das 9h ou 10h às 18h.

Lojas. 2ª-sáb., 9h ou 10h até 13h, e 15h ou 16h até 19h. Algumas lojas ficam abertas o dia todo e também aos domingos, especialmente na alta temporada.

I

INFORMAÇÕES TURÍSTICAS

O Departamento Nacional de Turismo italiano (ENIT) tem um *site*: <www.enit.it>. Agências no exterior podem fornecer informações básicas, como listas de hospedagem.

Serviços de informações turísticas em Veneza. O Departamento Central de Turismo (APT) fica no Pavilhão de Veneza, ao lado dos Giardinetti Reali (jardins públicos) e funciona diariamente, 10h-18h. Há um escritório menor a oeste da Piazza San Marco, em frente à entrada do Museo Correr: San Marco 71/f, Calle dell'Ascensione/Procuratie Nuove, tel.: 041-529 8711; diariamente, 9h-15h30. Ambos dão informações gerais e fazem reservas para visitas guiadas e eventos.

O escritório de turismo da ferroviária também é útil: APT Venezia, Ferrovia Santa Lucia (diariamente, 8h-18h30), assim como o do aeroporto: APT Marco Polo (diariamente, 9h30-19h30).

Para contatar o Departamento Central de Turismo para eventos, itinerários, excursões, hotéis etc., escreva para info@turismovenezia.it ou visite <www.turismovenezia.it>.

Rolling Venice. Se você ou alguém de seu grupo tem entre 14 e 29 anos, pode se inscrever no programa oficial de descontos para jovens, conhecido como "Rolling Venice". Por € 4, você tem direito a descontos em 25 museus e galerias, nos bilhetes de 72 horas do *vaporetto* e também em compras, restaurantes e hotéis. Você também recebe um guia gratuito com detalhes de itinerários interessantes para fazer a pé. Inscreva-se na estação de trem, no escritório da ACTV na Piazzale Roma ou em qualquer um dos escritórios de turismo (APT).

Venice Card. Esta novidade, direcionada aos turistas, está disponível em duas cores: azul, para acesso ilimitado aos serviços públicos de transporte e aos banheiros, e laranja, para acesso aos museus municipais, incluindo o Palácio dos Doges e as principais igrejas. Ambos também dão direito a descontos em alguns hotéis, albergues, restaurantes e lojas. Podem ser comprados para 1, 3 ou 7 dias. Pode-se reservar *on-line* em <www.venicecard.com>, com 48 horas de antecedência. Você recebe um *voucher*, que pode ser trocado pelo cartão num dos escritórios da VELA (Piazzale Roma, estação ferroviária Santa Lucia, estacionamento de Tronchetto ou aeroporto Marco Polo).

Uma alternativa é reservar o cartão por telefone (tel.: 39 041 2424, se estiver ligando de fora da Itália) e pegar o número do código, que depois será trocado pelo cartão num escritório da VELA. Os preços variam de acordo com a idade do visitante e a duração da visita.

L

LIMITE DE IDADE

Embora não exista lei que limite a idade para consumo de bebidas alcoólicas na Itália, há uma que proíbe servir álcool a menores de 16 anos em lugares públicos. A idade legal para dirigir é 18 anos, mas os adolescentes podem dirigir lambretas a partir dos 14. Na Itália, as pessoas podem se casar com autorização dos pais aos 16 anos e sem autorização aos 18.

LÍNGUA

Quase todos os hotéis venezianos têm funcionários que falam inglês, francês

Acima, da esquerda para a direita: detalhe da fachada da Basílica di San Marco; vista de San Marco a partir de Castello, ao longo da Riva degli Schiavoni.

ou alemão, a menos que você se afaste muito dos roteiros habituais dos turistas. No entanto, em bares e cafés distantes da Piazza San Marco, você certamente terá oportunidade de praticar seu italiano, e os moradores do lugar apreciarão seu esforço. Observe que, em italiano, a letra "c", quando seguida de "e" ou "i", é pronunciada "tch" (como em tchau); já o "ch" tem o som do "c" de casa.

Para uma lista de palavras úteis em italiano, veja a contracapa do mapa que acompanha este guia ou o verso da orelha da contracapa do livro.

Dialeto veneziano

Os venezianos falam um dialeto acentuado, por isso é bom conhecer algumas palavras: há apenas uma *piazza* em Veneza – San Marco; as outras praças são geralmente chamadas de *campo*, embora uma praça pequena possa ser conhecida como *piazzetta*; o termo *calle* é usado para a maioria das ruas, uma *salizzada* é a rua principal e uma passagem coberta se chama *sottoportego*. Um canal é um *rio* e o calçadão largo na beira de um canal, ou *canale*, é uma *riva* ou uma *fondamenta*.

A seguir, palavras venezianas úteis:
Ca' (de casa): casa/palácio
calle: viela
campo: praça
campiello: praça pequena
corte: pátio externo
cortile: pátio interno
fontego ou *fondaco*: armazém histórico
fondamenta: calçadão largo à beira d'água
punta: ponta
ramo: rua secundária ou sem saída
rio (plural *rii*): canal curvo ladeado de edifícios
rio terrà: canal aterrado
riva: passeio, calçadão
ruga: rua comercial larga
rughette: rua comercial pequena
sacca: saco, enseada pequena
salizzada: rua principal, significa "pavimentada"
sottoportico ou *sottoportego*: viela minúscula que passa sob um edifício
squero: estaleiro
stazio: estação de gondoleiros

Observe que os nomes venezianos e os italianos são usados nas placas de rua e nos mapas: por exemplo, San Giuliano é San Zulian e Santi Giovanni e Paolo é San Zanipolo (Giovanni vira Zani no dialeto).

M

MAPAS

Para quem planeja ficar em Veneza, um bom investimento é *Calli, Campielli e Canali*, um livro de mapas muito detalhados da cidade e da lagoa.

MÍDIA

Mídia impressa

Jornais e revistas (*giornali*, *riviste*). Há jornais americanos e ingleses nos aeroportos e na maioria das bancas (*edicola*); às vezes as publicações só chegam no dia seguinte. O jornal local é *Il Gazzettino*. O diário nacional, *La Repubblica*, às vezes publica matérias em inglês.

Acima, da esquerda para a direita: Santa Maria dei Miracoli; parte leste de Castello.

Guias de eventos na cidade
Un Ospite di Venezia é um guia útil e gratuito dos eventos da cidade, publicado quinzenalmente na temporada e mensalmente fora da temporada, mas só é encontrado em papel em poucos hotéis (principalmente nos grandes hotéis). No entanto, também está disponível *on-line*, no endereço <www.unospitedivenezia.it>. Ele informa sobre atrações turísticas, eventos e exposições, horários e preços.

La Rivista di Venezia tem artigos sobre cultura e notícias em inglês e italiano e inclui o livreto *What's On*. O Departamento de Turismo da cidade também publica um calendário gratuito de horários, espetáculos e eventos.

Televisão
A rede de televisão estatal italiana, a RAI (Radio Televisione Italiana), transmite três canais. Todos os programas são em italiano, incluindo longas-metragens estrangeiros dublados. A maioria dos hotéis tem conexão a cabo com CNN Europa, CNBC e outros canais que transmitem notícias do mundo em inglês, incluindo BBC World e Sky.

Rádio
Há muitas estações de rádio, a maioria de música popular. É possível sintonizar o BBC World Service em aparelhos de ondas curtas.

MULHERES

Veneza é uma cidade extremamente segura, mas, como em qualquer outro lugar da Itália, talvez as mulheres fiquem surpresas com o tanto de atenção que recebem. Muito dessa atenção vem na forma de olhares demorados ou de comentários, como *bella*. A melhor coisa a fazer é ignorar olhares e comentários e seguir em frente.

OBJETOS PERDIDOS

O Ufficio Oggetti Rinvenuti, serviço de objetos perdidos, fica na Ca' Loredan na Riva del Carbon 4136, San Marco, perto da Ponte de Rialto (tel.: 041-274 8225; 2ª-6ª, 8h30-12h30; 2ª e 5ª, 14h30-16h30). Se esquecer algum objeto num *vaporetto*, vá até o escritório de objetos perdidos (diariamente, 9h-20h) no prédio da ACTV na Piazzale Roma. Há serviços de objetos perdidos também no aeroporto (tel.: 041-260 6436) e na estação ferroviária (tel.: 041-785 238).

ORÇAMENTO DE VIAGEM

A seguir, há uma lista de preços aproximados em euros, para que você tenha uma ideia dos custos de viagem. Observe que os serviços marcados com asterisco são determinados pelas autoridades venezianas; verifique no guia *Un Ospite di Venezia* (ver alto desta pág.).
Traslado do aeroporto Marco Polo para a cidade. *Pela rodovia*: ônibus público (ACTV), € 1,10; ônibus do aeroporto (ATVO), € 3; táxi, € 35 (para até quatro pessoas). *Pela água*: lancha pública Alilaguna, € 12 por pessoa; táxi aquático particular, aproximada-

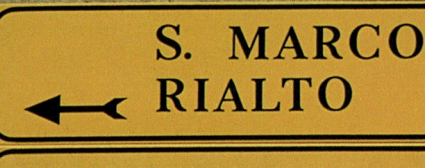

mente € 135 para quatro pessoas e bagagem.

Diversão. Um concerto numa igreja importante custa a partir de € 25; os ingressos para o Teatro Lírico La Fenice custam a partir de € 80. Ingresso para o cassino, € 5.

Gôndolas. A tarifa diurna oficial é de € 80 por 40 min. (até 6 pessoas); depois, são mais € 40 para cada 20 min. subsequentes. A tarifa noturna (20h-8h) é de € 100. Passeios de gôndola com serenata (40 min.) custam € 44 por pessoa.

Visitas guiadas. Para passeios a pé, reserve cerca de € 25.

Alimentação. *Tramezzini* (sanduíches encontrados nos balcões de cafés e bares), a partir de € 1,10; *cicchetti* (*tapas* frias e quentes em bares de vinho), a partir de € 2 por unidade; refeição completa para uma pessoa em restaurantes baratos, € 25-30; em restaurantes médios, incluindo serviço de mesa e atendimento (sem bebidas) € 40-5; pizza, € 6-12; cerveja, € 3-5; taça de vinho da casa, € 2-5.

Hospedagem. Cama e café da manhã, pernoite, na alta temporada, incluindo impostos: luxo, € 400 ou mais; caro, € 250-400; moderado, € 130-250; barato, € 130 ou menos.

Praia do Lido. Cabanas até € 100 por dia.

Museus e atrações. € 4-10. Um passe para todos os museus cívicos custa € 18.

Carregadores. Uma mala custa € 18, duas custam € 24.

Transporte público. *Vaporetto*: bilhete unitário, € 6,50; bilhete 24 horas, € 16; bilhete 72 horas, € 31.

P

POLÍCIA

Em Veneza, embora você raramente veja a polícia (*polizia* ou *carabinieri* – estes últimos para assuntos mais sérios) ou precise dela, a operação é eficiente e cortês.

O telefone de emergência é 112 ou 113 e o coloca em contato com uma central, que direciona a chamada para alguém que fale o seu idioma.

R

RELIGIÃO

Embora predominantemente católica romana, Veneza tem congregações de todas as principais religiões (ver lista abaixo). Verifique no guia *Un Ospite di Venezia* (ver p. 103) ou peça mais informações no seu hotel ou no Departamento de Turismo mais próximo.

Anglicana. Igreja de São Jorge, Campo San Vio, Dorsoduro.

Católica romana. Basilica di San Marco. Missas em italiano; confissão em vários idiomas no verão.

Evangélica luterana. Campo Santi Apostoli, Cannaregio.

Evangélica waldensiana/metodista. Santa Maria Formosa, Castello.

Ortodoxa grega. Ponte dei Greci, Castello.

Judaica. Campo del Ghetto Vecchio 1149, Cannaregio (tel.: 041-715 012 ou informe-se no Centro Comunitário Judaico, Campo del Ghetto Nuovo).

S

SAÚDE E ASSISTÊNCIA MÉDICA

Cidadãos da UE devem obter um EHIC (cartão do seguro de saúde europeu) nos correios ou *on-line*, no endereço <www.ehic.org.uk>. Ele dá direito a tratamento médico-hospitalar de emergência, em decorrência de acordos multilaterais.

Cidadãos brasileiros: se seu seguro de saúde particular não cobre atendimento no exterior, adquira uma apólice de seguro para esse fim antes de viajar.

Se precisar de um dentista que fale inglês, peça informação no seu hotel. Os consulados americano e britânico têm listas de médicos que falam inglês. Muitos médicos do principal hospital de Veneza, perto de San Zanipolo, falam inglês; para emergências (*pronto soccorso*), ligue 041-529 4516.

Mosquitos. No verão, eles são uma praga em Veneza, por isso leve um repelente elétrico. As lojas do aeroporto vendem esse tipo de aparelho e alguns hotéis também. Leve loção para aliviar as picadas.

Farmácias. As farmácias italianas abrem no horário comercial e em sistema de rodízio durante a noite e nos feriados; o endereço da farmácia de plantão mais próxima fica pendurado na porta de todas as farmácias. Você também pode consultar a lista no guia *Un Ospite di Venezia* (ver p. 103) ou no jornal local.

T

TELEFONES

O código da Itália é 39 e o código de área de Veneza é 041. Observe que é preciso digitar o prefixo 041 mesmo nas ligações locais.

Cabines telefônicas. As cabines da Telecom Italia estão em toda a cidade. Você precisará de moedas ou cartões telefônicos (*schede telefoniche*), que são vendidos nas tabacarias e nos correios. Há também cartões internacionais pré-pagos, que são vantajosos para chamadas internacionais; para ativá-los, você precisa digitar o número gratuito informado no verso do cartão. Observe que você tem de utilizar uma moeda ou um cartão para ouvir o sinal de discar, mesmo se estiver fazendo uma chamada gratuita.

Celulares. Celulares da UE podem ser usados na Itália, mas verifique a compatibilidade antes de viajar. Talvez valha a pena comprar um cartão SIM italiano, disponível em qualquer loja de celulares, se sua estadia se prolongar por mais de algumas semanas. As principais companhias são Telecom Italia (TIM), Vodafone e iWind.

Chamadas internacionais. Para fazer uma ligação para o exterior, digite 00, o código do país (para o Brasil é 55), o código de área (frequentemente, o zero inicial é omitido) e, então, o número do telefone.

Acima, da esquerda para a direita: sinalização para grandes atrações; douração nos adornos do Palácio dos Doges.

TRANSPORTE

Chegada a Veneza

De avião. Não há voo direto do Brasil para Veneza. O turista deve ir até uma capital europeia e lá fazer a conexão. Várias companhias aéreas oferecem o serviço no Brasil, partindo de capitais europeias. *Da Inglaterra*: British Airways (tel.: 0870-850 9850, <www.ba.com>), cujos voos saem de Gatwick; BMI (tel.: 0870-607 0555, <www.flybmi.com>), que sai de Heathrow; easyJet (tel.: 0905-821 0905, <www.easyjet.com>), que opera nos aeroportos de Gatwick, Bristol e East Midlands.

A Ryanair (tel.: 0906-270 5656, <www.ryanair.com>) tem voos de Stansted para o aeroporto de Treviso (a 32 km de Veneza). Há também oferta de voos *charter* no verão para turistas que saem de Gatwick, Manchester, Birmingham e de outros aeroportos regionais.

Da Irlanda: Aer Lingus (tel.: 0870-876 5000, <www.flyaerlingus.com>) opera serviços de Dublin para Veneza. *Da Itália*: voos diretos para Veneza partindo de Milão, Nápoles, Roma e Palermo.

Outra possibilidade são os voos sazonais diretos para Veneza, que partem de Nova York (Delta Airlines, <www.delta.com>) e da Filadélfia (US Airways, <www.usairways.com>). A Alitalia tem voos regulares de Nova York, Boston, Miami, Chicago e Los Angeles para Milão e Roma, com conexões para Veneza.

De trem. A estação principal é a Stazione Venezia-Santa Lucia (tel.: 8488-88088). O tempo de viagem nos trens mais rápidos é de 2h45 para Milão, 3h para Florença e 4h30 para Roma.

Para bilhetes internacionais e passes, contate a Rail Europe (tel.: 0870-584 8848, <www.raileurope.co.uk>) ou a Freedom Rail (tel.: 0870-757 9898, <www.freedomrail.com>).

Passes da InterRail são válidos na Itália, assim como o Eurailpass para não europeus (compre o seu antes de deixar seu país). Contate a Rail Europe, 178 Piccadilly, London W1V 0AL (<www.raileurope.co.uk>).

O passe Trenitalia (<www.trenitalia.com>), que cobre todos os trens da Itália, é válido para viagens ilimitadas num intervalo de 4 a 10 dias dentro de um período de dois meses. Um passe econômico para o mesmo período tem desconto para grupo de 2 a 5 pessoas viajando juntas. É permitido viajar no Eurostar Italia, no Intercity Plus e em outros trens de alta velocidade, pagando uma diferença.

De ônibus. Os ônibus que chegam a Veneza de outros lugares da Itália param na Piazzale Roma. Há um serviço rodoviário bom e barato entre Veneza e Pádua.

De carro. Se estiver viajando de carro, vai precisar de uma habilitação válida (com tradução para o italiano, a menos que seja uma habilitação padrão na UE) e de um seguro válido. Cobertura adicional de seguro, incluindo serviço de repatriação, é oferecida por grupos que abrangem as associações de automóveis britânica e americana. O túnel sob o Canal da Mancha e as balsas que atravessam o canal fazem a conexão entre Inglaterra, França, Bélgica e Holanda. Depois que estiver no continente, você pode colocar o carro num trem para Milão, de onde poderá viajar para Veneza.

No entanto, o carro não vai ser útil depois da chegada a Veneza, já que não é permitido dirigir no centro e ele vai ter de ser deixado num estacionamento. O enorme edifício-garagem na Piazzale Roma é perto do centro e tem bons serviços de balsa, mas é caro (<www.asmvenezia.it>). Mais adiante, fica a ilha de Tronchetto, o maior estacionamento da Europa (tel.: 041-520 7555; <www.veniceparking.it>).

Aeroportos

Dois aeroportos servem Veneza: Marco Polo e Treviso.

Marco Polo é o principal aeroporto de Veneza. Tem um terminal novo e serviços como postos de informações turísticas e de hospedagem, banco e casas de câmbio, restaurantes, lojas e acesso à internet. Há assistência a turistas cadeirantes. Para informações de voo, ligue para 041-260 9260 ou visite <www.veniceairport.it>.

Ônibus públicos (ACTV) saem do aeroporto para o terminal na Piazzale Roma a cada meia hora no verão e, mais ou menos, a cada hora no inverno; os ônibus do aeroporto (ATVO) seguem horário semelhante. Ambos são baratos e levam cerca de 30 min. para chegar à Piazzale Roma. Compre suas passagens no guichê ATVO no terminal de desembarque. Quando chegar à Piazzale Roma (em Santa Croce, do outro lado do Grande Canal), pegue o *vaporetto* n. 1 (ônibus aquático) para uma viagem que faz todas as paradas no Grande Canal; pegue o n. 2 se quiser ir até San Marco. A nova ponte Calatrava também leva você, a pé, até a estação ferroviária central.

As lanchas Alilaguna oferecem serviço direto o ano todo entre o aeroporto Marco Polo e o centro de Veneza (<www.alilaguna.it>). A linha vermelha (Linea Rossa) para em Murano, no Lido, no Arsenale, em San Marco e nas Zattere (Dorsoduro). A linha azul (Linea Blu) para em Murano, nas Fondamente Nuove, no Lido, na Riva degli Schiavoni e em San Marco.

Táxis aquáticos particulares (*taxi acquei*) são o meio mais rápido de chegar ao centro (30 min.), mas são muito caros, portanto, não os confunda com as embarcações da Alilaguna (*ver acima*). No entanto, eles levam o turista até a porta do hotel ou o mais próximo possível.

Para sair do aeroporto Marco Polo em qualquer uma das formas de transporte aquático, você tem de andar cerca de 500 m do novo terminal até a pequena área das docas. O serviço de ônibus circular que fazia a ligação entre os dois foi suspenso.

Treviso é um aeroporto pequeno usado por empresas de *charter* e linhas aéreas

Acima, da esquerda para a direita: gôndolas; gondoleiro com o clássico chapéu de palha e camiseta listrada.

de baixo custo, como a Ryanair. O Eurobus ATVO liga o aeroporto de Treviso à Piazzale Roma, fazendo conexão com a maioria dos voos. Como alternativa, há o ônibus n. 6, que vai do aeroporto para a estação de trem de Treviso, onde serviços regulares levam 30 min. para chegar à estação de Santa Lucia, no centro de Veneza.

Transporte público

Vaporetti (ônibus aquáticos). O único transporte público de Veneza é o aquático, e um *vaporetto* eficiente o deixará perto o bastante para ir a pé ao seu destino. Mas Veneza é tão compacta que geralmente é mais rápido e barato ir a pé.

Os *vaporetti* percorrem com regularidade o Grande Canal, fazem a curva do litoral norte da cidade (onde a principal parada é Fondamente Nuove) e vão e voltam das ilhas menores. Funcionam regularmente durante o dia todo e proporcionam uma maravilhosa perspectiva da cidade. O horário de todas as linhas de *vaporetti* pode ser obtido no Centro Informazioni ACTV na Piazzale Roma, tel.: 041-2424; <www.actv.it>.

É melhor comprar a passagem com antecedência nos guichês que ficam nas plataformas de embarque ou perto delas, nas principais paradas ou em qualquer loja que tenha uma placa da ACTV. Quando este guia foi impresso, o valor da tarifa era € 6,50 para qualquer bilhete unitário (válido por 90 min., para mais de uma viagem). No entanto, você pode comprar passes para 1, 3 e 7 dias, e também passes para famílias ou grupos. Um passe de 24 ou 72 horas é um bom investimento, se você pretende conhecer bem a cidade. Se não tiver comprado a passagem antes de embarcar, é possível comprar a bordo, na mão do cobrador, com um pequeno acréscimo.

Para substituir os bilhetes comuns, Veneza adotou um passe eletrônico chamado iMob. Como é recarregável, quando seu cartão estiver vazio, você pode colocar mais dinheiro nele para fazer mais viagens.

Os principais serviços são: n. 1 (*accelerato*), que para em todas as estações ao longo do Grande Canal; n. 2 (*diretto*), que oferece um serviço mais rápido no Grande Canal como parte de sua rota circular entre San Marco, canal da Giudecca e Piazzale Roma (e Lido durante a temporada).

O n. 41 (sentido anti-horário) e o n. 42 (sentido horário) descrevem uma rota circular em Veneza, parando em San Zaccaria, Il Redentore (a obra-prima de Palladio), Piazzale Roma, Ferrovia, Fondamente Nuove, San Michele, Murano e Sant'Elena. Os *vaporetti* 51 e 52 também oferecem circuitos longos e pitorescos em torno do perímetro de Veneza, e também param em Murano; no verão, vão até o Lido (é preciso fazer baldeação nas Fondamente Nuove para completar a rota).

Observe que as rotas circulares já não passam pelo Arsenale; em vez disso, sobem o canal de Cannaregio, parando em Guglie e contornando em seguida o litoral norte de Veneza, incluindo as Fondamente Nuove e a

Madonna dell'Orto (a igreja de Tintoretto), os estaleiros (parada Bacini), San Pietro di Castello e, finalmente, o Lido.

O n. 61 e o n. 62 fazem uma viagem rápida entre a Piazzale Roma e o Lido, passando pelas Zattere (canal da Giudecca). Para ir a Burano, você precisa pegar a linha LN (Laguna Nord), que parte das Fondamente Nuove e segue via Murano. A linha T liga Burano a Torcello.

Traghetti. O serviço de *traghetto* (balsa) opera em vários pontos do Grande Canal. É costume (mas não obrigatório) ficar de pé durante a travessia, que custa € 0,50.

Táxis aquáticos. Se precisar de um serviço porta a porta (ou quiser distância da multidão), peça no seu hotel um *motoscafo*. Embora rápido, é extremamente caro.

VESTUÁRIO

Um par de sapatos confortáveis para caminhar é essencial. Apesar da excelente rede de transporte pelos canais, se você quiser conhecer a cidade, provavelmente vai passar a maior parte do tempo andando. No verão, roupas leves de algodão e um casaco leve para enfrentar a brisa nas viagens noturnas de *vaporetto*. Lembre que não é permitido visitar igrejas com as costas e os ombros descobertos nem com *short*. No inverno, use roupas adequadas para baixas temperaturas, como um casaco bem quente. Alguns dos hotéis mais sofisticados emprestam botas no caso de inundação, mas, de qualquer modo, é uma boa ideia trazer seus próprios calçados impermeáveis na bagagem.

Veneza é uma cidade geralmente informal, mas nos restaurantes mais chiques espera-se que os clientes estejam trajados de acordo. Os homens devem usar paletó e gravata para entrar nos cassinos.

WEBSITES

Estes são bons *websites* para ajudar no planejamento de sua viagem: <www.turismovenezia.it>, do Departamento de Turismo local, e <www.meetingvenice.it>, do Departamento de Turismo regional, que tem informações sobre hotéis, eventos, restaurantes e horário de funcionamento dos museus. O site da Câmara de Vereadores, <www.comune.venezia.it>, tem *links* úteis.

Outros lugares com informações de hotéis, eventos e coisas para fazer são <www.veneziasi.it>, <www.initaly.com>, <www.hellovenezia.com> e <www.veniceonline.it>. Para mapas dos itinerários e horários dos ônibus aquáticos, consulte <www.actv.it>.

Lan houses

Veneza tem muitas *lan houses*, entre elas, Net House Internet Café (Campo Santo Stefano) e Libreria Mondadori (San Marco).

Acima, da esquerda para a direita: a bandeira veneziana; esculturas no lado sul da Basilica di San Marco.

HOSPEDAGEM

Veneza é a cidade mais cara da Itália, e seus hotéis não ficam atrás. Um hotel simples no centro geralmente custa o mesmo que um hotel de nível médio em outros lugares da Itália. As regras básicas ao planejar sua estadia são: reservar com antecedência ou pesquisar na internet promoções de última hora, verificar para que lado o quarto é virado e qual a diferença de preço entre um quarto minúsculo e um gigantesco. Pode ser que um hotel ofereça a opção entre um quarto grande e caro de frente para o Grande Canal e um quarto pequeno de fundos que dê para um pátio sombrio. Mesmo assim, um quarto com vista pode chegar a custar quase o dobro.

Quanto mais perto de San Marco, mais alto o preço da hospedagem, com exceção de uns poucos hotéis caros no Lido, na Giudecca e em San Clemente. Como a área de San Marco é absolutamente turística, o visitante faz bem em expandir seus horizontes. Isso quer dizer que é uma boa alternativa escolher um lugar em Castello, para onde se expandiram hotéis sofisticados e outros, recém-convertidos em hotéis-butique. Pode-se também experimentar um hotel-butique personalizado na promissora área de Cannaregio. Embora já não seja uma pechincha, o tranquilo e romântico bairro de Dorsoduro é charmoso, com hotéis pequenos de nível médio, mas muito procurados. Para famílias com crianças pequenas, o Lido é uma boa escolha, com praias e passeios de bicicleta, apesar de ser a região menos veneziana. Uma alternativa econômica é a área da estação, mais cômoda do que atraente.

Se a escolha estiver fora da cidade, evite Mestre, muito sem graça, e opte pela nostálgica Pádua ou por Treviso.

San Marco

Flora
Calle della Pergola, fora de Calle Larga XXII Marzo; tel.: 041-520 5884; fax.: 041-522 8217; <www.hotelflora.it>; *vaporetto*: Santa Maria del Giglio; €€€
Hotel bastante procurado, de administração familiar, localizado numa viela calma perto de San Marco. Os quartos podem ser imensos ou apertados (os melhores são o 45, 46 e 47, decorados com mobília *fin-de-siècle*).

Gritti Palace
Campo Santa Maria del Giglio 2467; tel.: 041-794 611; fax: 041-520 0942; <www.hotelgrittipalacevenice.com>; *vaporetto*: Santa Maria del Giglio; €€€€
Hemingway, Churchill e Greta Garbo se hospedaram neste palácio do séc. XV. É o hotel mais nobre de Veneza e conserva a atmosfera de *palazzo* particular, com candelabros de Murano e decoração com tecido adamascado.

La Fenice et des Artistes
Campiello della Fenice; tel.: 041-523 2333; fax: 041-520 3721; <www.fenicehotels.it>; *vaporetto*: San

---

Pernoite em quarto duplo sem café da manhã:

€€€€	acima de 500 euros
€€€	280-500 euros
€€	150-280 euros
€	abaixo de 150 euros

Marco-Vallaresso ou Santa Maria del Giglio; €€

Pertinho do Teatro Lírico La Fenice, este hotel é apreciado por cantores e músicos. Há uma parte nova e uma antiga, mobiliadas em estilo tradicional.

Locanda Art Deco

Calle delle Botteghe; tel.: 041-277 0558; fax: 041-270 2891; <www.locandaartdeco.com>; *vaporetto*: Sant'Angelo ou Accademia; €€

O Locanda Art Deco é um hotel calmo e de preço vantajoso num *palazzo* do séc. XVII. Boa localização, pertinho do Campo Santo Stefano.

Locanda Novecento

Calle del Dose; tel.: 041-241 3765; fax: 041-520 3721; <www.locandanovecento.it>; *vaporetto*: Santa Maria del Giglio; €€

Um toque exótico de Marrakech em Veneza, com lampiões marroquinos originais e tapetes turcos. Tetos com vigas, quartos aconchegantes e um pátio pequeno para o café da manhã.

Luna Baglioni

Calle Vallaresso/Calle Larga dell'Ascensione; tel.: 041-528 9840; fax: 041-528 7160; <www.baglionihotels.com>; *vaporetto*: San Marco-Vallaresso; €€€€

É o hotel mais antigo de Veneza. Já foi alojamento dos Templários para peregrinos com destino a Jerusalém. Muito próximo da Piazza San Marco, tem decoração veneziana, um salão de baile do séc. XVIII e o mais grandioso salão de café da manhã de Veneza.

Monaco e Grand

Calle Vallaresso; tel.: 041-520 0211; fax: 041-520 0501; <www.hotelmonaco.it>; *vaporetto*: San Marco-Vallaresso; €€€€

Mistura do estilo contemporâneo e do veneziano clássico. Bar chique e sala de café da manhã na beira do canal.

Santo Stefano

Campo Santo Stefano; tel.: 041-520 0166; fax: 041-522 4460; <www.hotelsantostefanovenezia.com>; *vaporetto*: Sant'Angelo ou Accademia; €€€

Localizado numa torre de vigia do séc. XV, este hotel domina uma das praças mais estilosas da cidade e causa uma impressão agradável e estimulante. Tem banheira de hidromassagem, e o café da manhã é servido na praça.

Saturnia & International

Calle Larga XXII Marzo; tel.: 041-520 8377; fax: 041-520 5858; <www.hotelsaturnia.it>; *vaporetto*: Santa Maria del Giglio; €€€

A atmosfera deste hotel peculiar é de inspiração medieval, o que pode parecer romântico e austero. Os quartos são reservados e confortáveis.

Castello

Casa Querini

Campo San Giovanni Novo; tel.: 041-241 1294; fax: 041-241 4231; <www.locandaquerini.com>; *vaporetto*: San Zaccaria ou Rialto; €€

Pousada perto do Campo Santa Maria Formosa. Tem 11 quartos espaçosos e decorados no estilo veneziano do séc. XVII.

Acima, da esquerda para a direita: quarto do Gritti Palace; suíte júnior no Luna Baglioni.

Colombina

Calle del Remedio; tel.: 041-277 0525; fax: 041-277 6044; <www.hotelcolombina.com>; *vaporetto*: San Zaccaria; €€€

Hotel-butique perto de São Marcos, com uma interpretação moderna e atenuada do estilo veneziano, banheiros de mármore modernos e sacadas com vista para a Ponte dos Suspiros.

Danieli

Riva degli Schiavoni 4196; tel.: 041-522 6480; fax: 041-520 0208; <www.danielihotelvenice.com>; *vaporetto*: San Zaccaria; €€€€

Localizado na beira do canal, este hotel mundialmente famoso tem um esplêndido saguão gótico e quartos suntuosos, com assoalho de madeira decorado e camas com armação dourada.

Liassidi Palace

Ponte dei Greci; tel.: 041-520 5658; fax: 041-522 1820; <www.liassidipalacehotel.com>; *vaporetto*: San Zaccaria; €€€

Hotel-butique em um palácio gótico atrás da Riva degli Schiavoni. Os quartos vão do *art déco* ao *bauhaus*. Com bar, sem restaurante.

Locanda La Corte

Calle Bressana; tel.: 041-2411300; fax: 041-241 5982; <www.locandalacorte.it>; *vaporetto*: Ospedale; €

Pequeno palácio gótico perto do Campo SS. Giovanni e Paolo. A decoração é uma versão atenuada do estilo veneziano tradicional. Há um pátio interno para café da manhã. Os quartos dão para o canal ou para o pátio.

Locanda Vivaldi

Riva degli Schiavoni; tel.: 041-277 0477; fax: 041-277 0489; <www.locandavivaldi.it>; *vaporetto*: San Zaccaria; €€€

Na lagoa, parcialmente instalado na casa onde Vivaldi morou (sua música é tocada com frequência nas áreas comuns). Os quartos são românticos e individuais. O café da manhã é servido no terraço da cobertura.

Londra Palace

Riva degli Schiavoni; tel.: 041-520 0533; fax: 041-522 5032; <www.hotelondra.it>; *vaporetto*: San Zaccaria; €€€€

Este hotel elegante, onde o compositor russo Tchaikovsky escreveu sua *Quarta sinfonia*, em 1877, foi restaurado em seu antigo esplendor. É confortável e refinado, com um restaurante *gourmet*, um lindo terraço e serviço muito acolhedor.

Metropole

Riva degli Schiavoni; tel.: 041-520 5044; fax: 041-522 3679; <www.hotel metropole.com>; *vaporetto*: San Zaccaria; €€€€

Este hotel-butique, de administração familiar, foi reformado e agora tem antiguidades ecléticas e objetos de arte. Tem restaurante recomendado pelo guia Michelin, bar da moda, pátio ajardinado agradável e vista da lagoa ou do canal. Os quartos podem ser aconchegantes ou divertidamente *kitsch*.

Palazzo Schiavoni
Fondamenta dei Furlani; tel.: 041-241 1275; fax: 041-241 4490; <www.palazzoschiavoni.com>; *vaporetto*: San Zaccaria; €€

Quartos e apartamentos num edifício convertido com bom gosto (com afresco no teto) ao lado da Scuola di San Giorgio.

Dorsoduro
Accademia Villa Marevege
Fondamenta Bollani; tel.: 041-521 0188; fax: 041-523 9152; <www.pensioneaccademia.it>; *vaporetto*: Accademia; €€

Villa graciosa e coberta de glicínias, bastante procurada, onde o Rio San Trovaso encontra o Grande Canal. Belos jardins à beira do canal.

Ca' Maria Adele
Rio Terrà Catecumeni; tel.: 041-520 3078; fax: 041-528 9013; <www.camariaadele.hotelinvenice.com>; *vaporetto*: Salute; €€€

Este pequeno e maravilhoso hotel-butique fica logo ao lado de La Salute, o que proporciona uma linda vista. Tem decoração veneziana com influências orientais. Para ostentar de verdade, experimente um dos cinco quartos temáticos, como o Quarto do Doge, uma profusão de brocado vermelho. Serviço atencioso.

Ca' Pisani
Rio Terrà Foscarini; tel.: 041-240 1411; fax: 041-277 1061; <www.capisanihotel.it>; *vaporetto*: Accademia ou Zattere; €€€

Num *palazzo* histórico perto da Accademia, é um hotel chique em estilo *art déco*. Tem um bar de vinho/restaurante da moda e todos os quartos têm televisão por satélite e wi-fi.

Ca' San Trovaso
Fondamenta delle Eremite; tel.: 041-277 1146; fax: 041-277 7190; <www.casantrovaso.com>; *vaporetto*: Ca' Rezzonico ou San Basilio; €

Este pequeno e despretensioso hotel num canal sossegado tem piso de terracota e papel de parede adamascado, mas não tem televisão nem telefone nos quartos. Peça os quartos n. 2 ou n. 4. Bonito terraço na cobertura.

Locanda San Barnaba
Calle del Traghetto; tel.: 041-241 1233; fax: 041-241 3812; *vaporetto*: Ca' Rezzonico; €€

Pequena pousada perto da Ca' Rezzonico, num palácio do séc. XVI decorado com afrescos, administrada pelo proprietário, que a herdou de seus antepassados. Os quartos em estilo veneziano tradicional são agradáveis (peça um com afrescos). Bonito pátio na beira do canal para o café da manhã.

Pensione Calcina
Fondamenta Zattere ai Gesuati; tel.: 041-520 6466; fax: 041-522 7045; <www.lacalcina.com>; *vaporetto*: Zattere; €€

Pousada romântica, com vista para o canal da Giudecca. O crítico de arte John Ruskin se hospedou aqui em 1876. Charmoso terraço na cobertura e quartos muito arrumados (experimente o n. 127), mais o salão de refeições La

---

Acima, da esquerda para a direita: terraço com vista imbatível no Luna Baglioni (ver p. 111); listras elegantes no Londra Palace; saguão do Locanda Vivaldi.

Piscina, na beira do canal, e o terraço. Reserve com bastante antecedência.

Cannaregio, San Polo e Santa Croce

3749 Ponte Chiodo
Ponte Chiodo; tel.: 041-241 3935; fax: 041-241 9583; <www.pontechiodo.it>; *vaporetto*: Ca' d'Oro; €
Localizada numa área tranquila de Cannaregio, esta é uma pensão econômica com serviços raros como wi-fi e ar-condicionado. O simpático proprietário é conhecido por tomar café da manhã com os hóspedes e compartilhar informações sobre a cidade.

Abbazia
Calle Priuli dei Cavaletti; tel.: 041-717 333; fax: 041-717 949; <www.abbaziahotel.com>; *vaporetto*: Ferrovia; €€
Esta antiga fundação carmelita foi restaurada. Tem quartos de bom gosto. Fica perto da estação, mas é sossegada.

Ai Mori d'Oriente
Fondamenta della Sensa; tel.: 041-711 001; fax: 041-714 209; <www.morihotel.com>; *vaporetto*: Madonna dell'Orto; €€€
Hotel-butique não convencional, com toques exóticos e ecléticos e serviço acolhedor.

Ca' Sagredo
Campo Santa Sofia; tel.: 041-241 3111; fax: 041-241 3521; <www.casagredohotel.com>; *vaporetto*: Ca' d'Oro; €€€€
Um dos mais novos hotéis de luxo de Veneza, Ca' Sagredo fica num *palazzo* histórico com afrescos de Tiepolo e Sebastiano Ricci. Muitos quartos têm vista para o Grande Canal e, no bar, você pode saborear drinques sobre o canal. O hotel ainda fornece serviços de babá, *personal shopper* e *personal trainer*.

Casa del Melograno
Campiello del Ponte Storto; tel.: 041-520 8807; fax: 041-275 7703; <www.locandadelmelograno.it>; *vaporetto*: San Marcuola; €
Escondida perto da movimentada Strada Nova, esta pensão é uma ótima opção econômica. Todos os quartos foram reformados recentemente num estilo moderno simples. O jardim privativo é aberto aos hóspedes.

Giorgione
Santi Apostoli; tel.: 041-522 5810; fax: 041-523 9092; <www.hotelgiorgione.com>; *vaporetto*: Ca' d'Oro; €€
Perto da Ca' d'Oro, este hotel de administração familiar data do séc. XIV. A decoração é tradicional veneziana, com candelabros e vidros de Murano. A sala de café da manhã dá para um pátio. Outra atração é o café com bolos à tarde, gratuito.

Grand Hotel Dei Dogi
Fondamenta Madonna dell'Orto; tel.: 041-220 8111; fax: 041-722 278; <www.deidogi.boscolohotels.com>; *vaporetto*: Madonna dell'Orto; €€€€
Hotel de luxo localizado próximo à lagoa. Já foi um mosteiro e ainda é um oásis de tranquilidade.

Acima, da esquerda para a direita: pátio do Giorgione; serviço de quarto – bellinis e torta – no Cipriani.

Oltre Il Giardino
Fondamenta Contarini; tel.: 041-325 0015; fax: 041-795 452; <www.oltreilgiardino-venezia.com>; *vaporetto*: San Tomà; €€

Situada perto da igreja dos Frari, esta pequena pensão é a antiga casa de Alma Mahler (mulher de Gustav Mahler). Os seis quartos foram reformados recentemente num estilo moderno e informal. Há também um pátio agradável, onde se pode tomar café da manhã.

Giudecca

Cipriani
Isola della Giudecca 10; tel.: 041-520 7744; fax: 041-520 3930; <www.hotelcipriani.com>; *vaporetto*: Zitelle; €€€€

Cipriani é o hotel mais glamoroso de Veneza. Quartos suntuosos decorados com tecidos Fortuny, piscina, jardins, quadras de tênis, ancoradouro para iates e uma lancha que rapidamente leva os hóspedes até San Marco.

Hilton Molino Stucky
Isola della Guidecca 753; tel.: 041-522 1267; fax: 041-522 1267; <www.molinostuckyhilton.com>; *vaporetto*: Palanca; €€€€

O enorme moinho de farinha do séc. XIX na costa da Giudecca foi convertido num hotel cinco estrelas com 380 quartos e o maior centro de convenções de Veneza. Entre as instalações, cinco restaurantes, bares, piscina na cobertura e um grande *spa*. O serviço excelente inclui um botão "mágico" no telefone, para chamar ajuda para quase tudo. *Ver também p. 64.*

Lido e outras ilhas

Hôtel des Bains
Lungomare Marconi, Il Lido; tel.: 041-526 5921; fax: 041-526 0113; <http://desbains.hotelinvenice.com>; €€€

Hotel evocativo da *belle époque*, que aparece em *Morte em Veneza*, de Thomas Mann. Tem praia particular no Lido. Apreciado por celebridades no festival de cinema. *Ver também p. 86-7.*

Locanda Cipriani
Isola di Torcello; tel.: 041-730 150; fax: 041-735 433; <www.locandacipriani.com>; €€

Pousada rústica e pequena num local aparentemente remoto, com excelente restaurante caseiro. Jardim para refeições ao ar livre.

Quattro Fontane
Via Quattro Fontane, Il Lido; tel.: 041-526 0227; fax: 041-526 0726; <www.quattrofontane.com>; €€

Este hotel não convencional, que imita o estilo tirolês, é muito procurado. O complexo do hotel, a poucas quadras da praia, inclui quadras de tênis. Aberto apenas abr.-nov.. Sem elevador.

San Clemente Palace
Isola di San Clemente; tel.: 041-244 5001; fax: 041-244 5800; <www.sanclemente.thi.it>; €€€

Esconderijo luxuoso e romântico num mosteiro convertido, com transporte particular para ir a San Marco e voltar. Três restaurantes, bares, piscina e *spa* numa área encantadora.

ONDE COMER

Em estilo, os restaurantes venezianos variam da elegância serena do séc. XVIII à nobreza rústica. Mesmo assim, há muitas cantinas características, escondidas ou esparramadas em terraços e pátios. Os lugares mais sofisticados são os *ristoranti* ou *osterie* (cantinas), se servirem comida caseira. Os *bacari* são bares de vinho tradicionais que também servem comida, uma versão veneziana das *tapas*, conhecida como *cicchetti*.

San Marco

Acqua Pazza
Campo Sant'Angelo, San Marco 3808; tel.: 041-277 0688; fechado 2ª; *vaporetto*: S. Angelo; €€€
Esta pizzaria animada serve pizzas napolitanas autênticas e frutos do mar. *Bruschetta*, *antipasti* e *limoncello* depois do café são por conta da casa. Pães e massas são de fabricação própria.

Al Graspo De Ua
Calle dei Bombaseri; tel.: 041-520 0150; fechado dom.; *vaporetto*: Rialto; €€–€€€
Escondido no labirinto de ruas a caminho de Rialto, este tradicional restaurante de peixe serve santola, vieiras e *tagliolini* com lagosta desde 1855.

Faixas de preço para uma refeição de dois pratos, para uma pessoa, com uma taça de vinho da casa:	
€€€€	acima de 60 euros
€€€	40-60 euros
€€	25-40 euros
€	abaixo de 25 euros

Antico Martini
Campo San Fantin; tel.: 041-522 4121; *vaporetto*: S. Maria del Giglio; €€€
Este restaurante clássico tem piano-bar e horário extenso. No cardápio, risoto de frutos do mar, *granseola* (santola) e *fegato alla veneziana* (fígado em leito de cebolas). Só com reserva.

Cavatappi
Campo della Guerra, perto de San Zulian, San Marco 525; tel.: 041-296 0252; fechado dom. no jantar e 2ª; *vaporetto*: San Zaccaria ou Rialto; €€€
Bar de vinho elegante e contemporâneo, que serve bons lanches, almoços leves e jantares. As opções de vinhos e queijos italianos variam sazonalmente.

Centrale
Piscina Frezzeria, San Marco 1659b; tel.: 041-296 0664; diariam. 19h-2h; *vaporetto*: San Marco Vallaresso; €€€
Este bar-restaurante e clube de música parece mais milanês do que veneziano. Localizado num cinema reformado, num *palazzo* do séc. XVI, incorpora design de vanguarda com preços altos. Experimente o cardápio mediterrâneo completo ou só belisque, enquanto relaxa ao som de música contemporânea. Aberto até tarde.

Harry's Bar
Calle Vallaresso, San Marco 1323; tel.: 041-528 5777; *vaporetto*: San Marco Vallaresso; €€€
O cardápio fresco e consistente deste bar lendário atrai venezianos e turistas ricos. O tom é perfeito, dado pelo atual

Arrigo (Harry) Cipriani. É um lugar que se deve visitar pelo menos uma vez, para provar um coquetel Bellini (especialidade da casa, que combina *prosecco* com suco de pêssego), mesmo que o preço desencoraje a segunda dose.

Trattoria Do Forni
Calle dei Specchieri; tel.: 041-523 2148; *vaporetto*: San Marco Giardinetti; €€€

Lugar sofisticado disfarçado de *trattoria*. Cozinha confiável e salas espaçosas, mas aconchegantes. No cardápio, caviar, ostras, filé e massa, risoto de frutos do mar e torta de legumes veneziana.

Castello

Alle Testiere
Calle del Mondo Novo, Castello 5801; tel.: 041-522 7220; fechado dom. e 2ª; *vaporetto*: Rialto ou San Zaccaria; €€€

Localizado próximo ao Campo Santa Maria Formosa, este restaurante exige reserva com antecedência. Outro lugar conhecido pelos frutos do mar frescos e de excelente qualidade. Também tem uma fantástica carta de vinhos e queijos de toda a Itália.

Enoteca Mascareta
Calle Lunga Santa Maria Formosa; tel.: 041-523 0744; aberto só para jantar (19h-2h); *vaporetto*: Rialto; €

Bar de vinho rústico e aconchegante, administrado pelo escritor especializado em vinhos Mauro Lorenzon. Pode-se comer salame e presunto no balcão ou optar pelo cardápio servido na mesa, que inclui sopa de feijão, lasanha e peixe. O anfitrião amável, o *jazz* descontraído e os vinhos soberbos garantem a satisfação da clientela.

Hostaria da Franz
Fondamenta San Giuseppe (San Isepe); tel.: 041-522 0861; fechado 3ª; *vaporetto*: Giardini; €€€

Esta curiosa *trattoria* na beira do canal foi inaugurada em 1842 por um soldado austríaco que se apaixonou por uma moça veneziana. Experimente pratos locais de frutos do mar com variações, de risoto a nhoque com camarão e espinafre, camarão marinado e peixe grelhado ou peixe com polenta. Fica fora de mão, mas próximo dos jardins da Bienal. Aconselhável fazer reserva.

Il Covo
Campiello della Pescaria; tel.: 041-522 3812; fechado 4ª e 5ª; *vaporetto*: Arsenale; €€€

Tem uma das melhores reputações da cidade. Apreciadores da boa mesa vindos de todos os lugares correm para este restaurante pequeno e elegante. O cardápio carregado de peixe é excelente. Experimente o *moeche* (siri-mole) ligeiramente frito com cebolas ou linguado e mexilhões em molho de tomate leve. Também serve *menu* de degustação com seis pratos. Essencial fazer reserva. Vista-se formalmente para o jantar.

La Corte Sconta
Calle del Pestrin; tel.: 041-522 7024; fechado dom. e 2ª; *vaporetto*: Arsenale; €€€

Acima, da esquerda para a direita: *bacaro* com iluminação intimista; deliciosas tortinhas de amêndoa.

Horário de funcionamento
Os restaurantes que não informam quando e a que horas fecham servem almoço e jantar diariamente.

Reservas
Faça reserva com bastante antecedência nos restaurantes mais procurados. Além disso, já que as pessoas do lugar correm (especialmente nos fins de semana) para os locais de preço acessível e boa qualidade, é aconselhável adotar a reserva como regra, principalmente se você fizer questão de comer em determinado lugar. Normalmente, um telefonema no dia anterior ou na manhã do mesmo dia é suficiente, mas, para evitar frustração nos fins de semana, reserve com alguns dias de antecedência.

Lugar renomado, escondido num pátio secreto, com cardápio baseado em peixe fresco do mercado de Chioggia, serve de vieiras e lulas a caramujos, camarões e sardinhas. Aconselhável fazer reserva.

Osteria di Santa Marina
Campo Santa Marina; tel.: 041-528 5239; fechado dom. e 2ª no almoço; *vaporetto*: Rialto; €€€

Localizada numa praça sossegada, serve novas versões de pratos do Vêneto: ravióli na tinta de sépia com robalo, massa com frutos do mar, *carpaccio* fresco de linguado, atum e carne bovina, sopa de feijão e grelhados mistos. No verão, sente-se na praça, ao ar livre, e termine a experiência com um *sorbet* ou torta de maçã e canela.

Trattoria Giorgione
Via Garibaldi; tel.: 041-522 8727; fechado 4ª; *vaporetto*: Giardini; €€

Localizada na área do Arsenale, esta *trattoria* é muito apreciada pelos venezianos pelas receitas tradicionais de peixe e pela música folclórica ao vivo.

Cannaregio

Al Fontego dei Pescaori
Calle Priuli; tel.: 041-520 0538; fechado 2ª; *vaporetto*: Ca' d'Oro; €€

Lolo, o proprietário, é presidente do mercado de peixe de Rialto e tem sua própria barraca. Por isso, o peixe está sempre muito fresco. A enorme variedade de frutos do mar inclui uma elegante travessa de peixe cru, sépia grelhada com polenta branca e vieiras.

Al Vecio Bragozzo
Strada Nova, Cannaregio 4386; tel.: 041-523 7277; fechado 2ª; *vaporetto*: Ca' d'Oro; €€

Pode ser difícil diferenciar os locais de comida para turistas ao longo da Strada Nova, mas este restaurante serve os nativos e os visitantes. O irmão do proprietário tem um *bragozzo* (barco de pesca a vela) que traz frutos do mar frescos todos os dias. Experimente a deliciosa e clássica *sardèle in soar* (sardinhas em molho de cebola com pinoles e uvas-passas).

Anice Stellato
Fondamenta della Sensa; tel.: 041-720 744; fechado 2ª e 3ª; *vaporetto*: Guglie ou Sant'Alvise; €€

Este restaurante pequeno e familiar fica longe do centro, mas está sempre cheio de moradores (faça reserva, se puder). Venha só para provar os *cicchetti* ou para uma refeição completa. Especiarias do Oriente são muito usadas, dando um toque não convencional à cozinha veneziana.

Boccadoro
Campo Widmann, Cannaregio 5405; tel.: 041-521 1021; fechado 2ª; *vaporetto*: Ca' d'Oro; €€€

Este restaurante com cardápio de peixe fica escondido numa praça tranquila. O cardápio sazonal varia de acordo com o que há de mais fresco no Rialto. O preço é um pouco salgado, mas o cardápio oferece delícias como atum tártaro e robalo marinado.

Fiaschetteria Toscana

Salizzada San Giovanni Cristostomo; tel.: 041-528 5281; fechado 3ª e 4ª no almoço; *vaporetto*: Rialto; €€€

Perto da ponte de Rialto, é o preferido dos apreciadores locais da boa mesa pelos peixes e frutos do mar a preço vantajoso. Há também pratos com filé e queijos toscanos, e ótimos vinhos. Recomendável fazer reserva.

Vini da Gigio

Fondamenta di San Felice; tel.: 041-528 5140; fechado 2ª e 3ª; *vaporetto*: Ca' d'Oro; €€

Bacaro muito apreciado, de administração familiar, que é tanto bar de vinho como cantina. Comida excepcional, mas serviço vagaroso. Grande variedade, de risoto veneziano a pratos com carne de caça do norte da Itália, assim como vinhos excelentes. Faça reserva.

San Polo

Ae Do Spade

Calle delle Do Spade, Rialto; tel.: 041-521 0583; fechado dom.; *vaporetto*: Rialto Mercato; €€

No início, parece muito turístico, mas é apreciado pelos venezianos. O carro-chefe é um sanduíche bem temperado, o *paperini*. Você pode ficar de pé no bar, provando as variedades de *cicchetti* ou se sentar para uma refeição completa. O serviço é rápido e cordial.

Al Nono Risorto

Sottoportego della Siora Bettina, Campo San Cassiano; tel.: 041-524 1169; fechado 4ª; *vaporetto*: San Silvestro; €€

Lugar rústico, emoldurado por pátio e jardim com glicínias. Combina pizzaria com *trattoria* e oferece um cardápio de peixes, massas e pizzas. Apreciado por venezianos na casa dos 30 anos.

Da Fiore

Calle del Scaleter, fora do Campo di San Polo; tel.: 041-721 308; fechado dom. e 2ª; *vaporetto*: S. Tomà; €€€€

Possivelmente, o melhor restaurante da cidade que reúne celebridades no Festival de Cinema. O cardápio vai de lula grelhada e *granseola* (santola) a atum do Adriático, lula, *sashimi* e *risotto al nero di seppia* (risoto de sépia na tinta). Só uma das mesas dá para o canal.

Ruga Rialto

Calle del Sturion, fora de Ruga Rialto; tel.: 041-521 1243; diariamente 11h-15h, 18h-24h; *vaporetto*: Rialto Mercato; €€

Bacaro e cantina boêmia com bancos de madeira, panelas de cobre e pratos simples. O cardápio é pequeno e tradicional, com preços razoáveis. Música ao vivo nas noites de sexta.

Santa Croce

Al Vecio Fritolin

Calle della Regina; tel.: 041-522 2881; fechado 2ª; *vaporetto*: San Stae; €€

Fritolin é uma barraca ou quiosque que serve peixe frito para viagem, mas aqui você pode saboreá-lo no bar ou na mesa, com uma bebida. O cardápio completo apresenta misto de peixe frito, siri-mole e peixe-espada tártaro. Aconselhável fazer reserva.

Acima, da esquerda para a direita: salada de tomate e mussarela; massa fresca e molho pesto, com um pouco de pinoles e parmesão – quanto mais simples, melhor; nem todos os restaurantes venezianos são de estilo tradicional.

Horário das refeições

A maioria dos restaurantes fecha entre o almoço e o jantar. Geralmente, o almoço é servido entre 12h30 e 14h30. O serviço de jantar começa por volta das 19h. Tente se ajustar ao horário local, para aproveitar melhor o cardápio (se chegar muito tarde, a comida pode ter acabado!). Jantar tarde da noite pode ser difícil em Veneza, por isso é melhor se resolver até mais ou menos 21h.

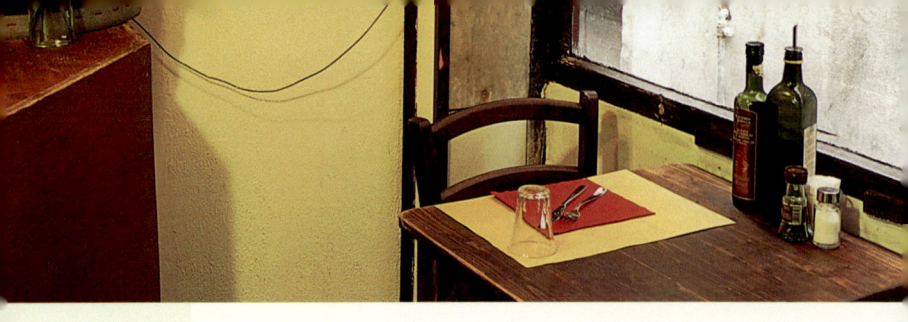

Especial do dia

Adquira o hábito de perguntar quais são os pratos do dia (*piatti del giorno*). Em geral, são os mais frescos e mais criativos do cardápio, com massas caseiras e receitas da estação.

Alla Zucca

Ponte del Megio; tel.: 041-524 1570; fechado dom. e em todo o mês de agosto; *vaporetto*: San Stae; €€

Trattoria muito apreciada, situada numa ponte curva sobre o canal. A atmosfera boêmia reflete o cardápio eclético, que privilegia vegetais e peixes, com flã cremoso de abóbora (*zucca*), massa de berinjela e cavalinha defumada. Faça reserva.

Antica Bessetta

Salizzada de Ca' Zusto; tel.: 041-721 687; fechado 3ª e 4ª no almoço; *vaporetto*: R.D. Biasio; €€

Fora do circuito, logo ao norte de San Giacomo dell'Orio, é uma *trattoria* rústica de alto padrão. É um templo da comida caseira veneziana e paraíso dos apreciadores da boa mesa, com *risi e bisi* (arroz e ervilhas), nhoque, risoto de frutos do mar ou pescado do dia, grelhado ou assado, e notáveis vinhos regionais.

Dorsoduro

Ai Gondolieri

Ponte del Formager; tel.: 041-528 6396; fechado 3ª; *vaporetto*: Salute; €€€

Localizado próximo ao Guggenheim, este restaurante evita o peixe e se destaca no cardápio de carnes, acompanhadas de risotos e bons pratos com vegetais. Experimente as abobrinhas assadas recheadas. Melhor fazer reserva.

Cantinone già Schiavi

Fondamenta Nani, Rio di San Trovaso; tel.: 041-523 0034; fecha às 21h30 e dom. no jantar; *vaporetto*: Zattere; €

Bar de vinho à moda antiga na beira do canal. É bastante apreciado pela gente do lugar e por estrangeiros residentes. Bom lugar para *cicchetti* e petiscos – presuntos, salames e queijos.

La Furatola

Calle Lunga San Barnaba; tel.: 041-520 8294; fechado 5ª; *vaporetto*: Ca' Rezzonico; €€

Lugar aconchegante, famoso pelo peixe fresco, pelas porções generosas de massa e pelas sobremesas maravilhosas. O nome do restaurante vem dos pequenos estabelecimentos que costumavam servir comida aos marinheiros.

Quatro Feri

Calle Lunga San Barnaba; tel.: 041-520 6978; fechado dom.; *vaporetto*: Ca' Rezzonico; €€

Este movimentado *bacaro new wave* tem uma proprietária jovem, Barbara, e seus preços razoáveis atraem uma turma jovem e fiel. Pratos venezianos e, como convém a uma ex-*sommelier*, vinhos de qualidade superior.

Giudecca e San Giorgio Maggiore

Altanella

Calle delle Erbe; tel.: 041-522 7780; fechado 2ª e 3ª; não aceita cartão de crédito; *vaporetto*: Palanca ou Redentore; €€€

Trattoria simpática, frequentada por Elton John, que tem uma casa perto. Só pratos à base de peixe. Agradável ambiente externo, com ampla vista do canal da Giudecca.

Do Mori

Fondamenta Sant'Eufemia; tel.: 041-522 5452; fechado dom.; *vaporetto*: S. Eufemia; €€

Criado por um grupo dissidente do Harry's Bar, este é o lugar para aqueles que não podem pagar os preços altos do original. A cozinha é a saudável comida caseira veneziana, com pratos à base de peixe e também massas e pizzas.

Fortuny Restaurant

Hotel Cipriani, Fondamenta San Giovanni; tel.: 041-520 7744; fechado nov.-mar.; *vaporetto*: Zitelle; €€€

Situado no hotel mais luxuoso da cidade, o Fortuny se esparrama por um terraço magnífico. Cenário requintado, serviço divino e preços letais. Mas você pode experimentar o Cip's Club (preços mais baixos, mas ainda altos). Ambos oferecem uma rara vista de San Marco. Reserve com antecedência.

Harry's Dolci

Fondamenta San Biagio; tel.: 041-522 4844; fechado 3ª e nov.-fev.; *vaporetto*: S. Eufemia; €€€

Venha para um *brunch* americano na beira do canal. É o Harry's sem o exagero, com vista e preços melhores. Experimente o risoto veneziano, o frango ao *curry* ou o *baccalà mantecato* (bacalhau salgado) e prove um Bellini especial no bar. Doces saborosos servidos fora dos horários de refeição.

Mistrà

Consorzio Cantieristica Minore (entre na Fondamenta S. Giacomo); tel.: 041-522 0743; fechado 2ª no jantar e 3ª; *vaporetto*: Palanca ou Redentore; €€

Passe pelo meio de um estaleiro para chegar a este restaurante que oferece uma vista ampla e linda da parte sul da lagoa. O cardápio é um misto dos pratos favoritos venezianos e ligurianos. No almoço, há um cardápio do dia para os trabalhadores do estaleiro.

Murano e Lido

Ai Frati

Fondamenta Venier, Murano; tel.: 041-736 694; fechado 5ª; *vaporetto*: Murano; €€–€€€

É o melhor restaurante de peixe de Murano. Se puder escolher, tente pegar uma das mesas que ficam sobre o atracadouro no canal. A localização e a atmosfera de bistrô de bairro fazem a popularidade deste lugar, por isso não deixe de fazer reserva.

La Taverna

Hotel Westin Excelsior, Lungomare Marconi 41; tel.: 041-526 0201; *vaporetto*: Lido; €€€

Este restaurante se espalha sob um terraço bonito que dá para a praia. Há um bufê muito bom, com deliciosos peixes grelhados. Faça reserva.

Trento

Via Sandro Gallo; tel.: 041-526 5960; 2ª-sáb. 7h-21h, 23h no verão; *vaporetto*: Lido; €€

Os moradores do lugar correm para este excelente bar/*osteria* na hora do almoço, para comer especialidades venezianas como filhote de polvo, *cotechino* (linguiça de porco) e bacalhau seco salgado.

Acima, da esquerda para a direita: serviço de mesa simples no Quatro Feri, excelente *bacaro* de bairro; bar de vinho movimentado.

Para viagem

Quem está acostumado a levar sobras de refeição para viagem talvez enfrente olhares perplexos em Veneza. Como as porções italianas são muito modestas e o frescor é essencial na boa cozinha do país, isso não é costume nos restaurantes.

VIDA NOTURNA

A opinião geral sobre a cidade é de que aqui a diversão tende a ser comedida, concentrada em pianos-bares, cafés históricos em torno de San Marco e bares nos hotéis chiques. Levando em conta que a idade média dos venezianos é de 45 anos, a maioria das pessoas prefere drinques num bar aconchegante, seguidos de uma refeição, preferencialmente num dos *bacari* da cidade.

Embora o sono dessa clientela majoritária de venezianos de meia-idade não esteja a ponto de ser interrompido por baladas barulhentas, a grande população de universitários da Ca' Foscari e da escola de arquitetura IUAV tem agitado a vida noturna de Veneza.

Aonde ir

Se quiser romance e *glamour*, vá para os pianos-bares dos hotéis à beira do canal. Os bares elegantes e exclusivos, clubes de *jazz* ou música tranquila ficam a poucos passos de San Marco. Para *bacari* tradicionais, vá para Cannaregio ou para os bares de vinho em volta do mercado de Rialto. Para *bacari* mais modernos e reinventados, prefira os *campi* e *calli* em Castello, San Polo e Dorsoduro.

No verão, a vida noturna migra para o Lido e seus grandes hotéis à beira-mar. Já no inverno, durante o Carnaval, a cidade tem bailes ao ar livre, paquera e andanças de café em café (*ver p. 20*).

San Marco

Centrale (Piscina Frezzeria, perto da Frezzeria; <www.centrale-lounge.com>; 2ª-sáb., 19h-2h) é um ponto de encontro convidativo para notívagos urbanos de todas as idades. Localizado num cinema reformado no interior de um antigo *palazzo*, este *lounge bar* é bem ambientado e moderno, um ótimo lugar para relaxar com drinques ou jantar. Em classe e estilo, seus únicos rivais são os bares dos melhores hotéis e o Harry's; mas, numa noite boa, o **Bacaro Lounge** (na Salizzada San Moisè), de propriedade da família Benetton, também é muito elegante. O **Bacaretto** (Calle delle Botteghe; fechado sáb. e dom.) é um bar-cantina muito apreciado pelos venezianos comuns. **Torino@notte** (Campo San Luca; <www.musicaincampo.com>) é um local jovem para beber até tarde. O **Aurora Caffè** (Piazza San Marco 50; <www.aurora.st>; 20h-2h) à noite se transforma num *lounge* com DJ.

Castello

A vida noturna sofisticada está nos grandes hotéis internacionais na Riva degli Schiavoni, incluindo o Londra Palace (*ver p. 112*), com seu piano-bar, *jazz* no jantar e terraço na beira do canal, e o Danieli, com um bar e terraço ótimos. Em contraste, o hotel Metropole (*ver p. 112*) abriga o **Zodiac Bar**, exótico, de estilo oriental, tem *lounge* com DJ e noites descontraídas todas as 5ªs, com degustação de comida e vinho.

Novo na cena, o aconchegante e moderno **Club947**, clube de *jazz* com jantar (<club947@hotmail.it> ou tel.: 347-427 9658 para reservas), está deixando sua marca no Campo Santi Filippo e Giacomo.

Dorsoduro

O Campo Santa Margherita é o centro da vida noturna de Veneza e está inundado de bares. O bar Rosso (*ver p. 60*) compete com o futurista Orange (com jardim) e o simpático, mas falso, Green Pub, deixando o mais discreto Margaret Duchamp cuidar da clientela mais sofisticada. O Imagina (rio Terrà Canal) é um bar artístico e exclusivo, que desabrocha à noite, com música eclética e petiscos servidos até tarde. Seus drinques costumam atrair uma multidão de pintores e escritores boêmios, mas o ambiente vai ficando mais e mais jovem conforme a noite avança. La Rivista, ligado ao hotel Ca' Pisani (*ver p. 113*), frequentemente tem degustação de vinho e atrai uma clientela jovem, na maioria veneziana. O **Senso Unico** (Calle della Chiesa, perto do Guggenheim) tem estilo de *pub* inglês, mas se sai bem no vinho e nas refeições leves. O **Suzie Café** (Campo San Basilio) tem música ao vivo no verão. O **Vinus** (esquina de Crosera San Pantalon e San Rocco) é um simpático bar de vinho que serve travessas de presunto e queijo e, às vezes, tem música ao vivo.

Para um sorvete, café ou licor tarde da noite numa das melhores *gelaterie* de Veneza, vá até a **Paolin** (Campo Santo Stefano), uma das poucas que ficam abertas (até 24h no verão). Para um pouco de *jazz*, experimente o Venice Jazz Club, perto da Ponte dei Pugni, com uma mistura de melodias clássicas e contemporâneas (tel.: 041-523 2056; <www.venicejazz-club.com>).

Cannaregio

Na parte norte da cidade, a Fondamenta della Misericordia é o centro da vida noturna. Aqui, há uma aglomeração de casas noturnas com bons ambientes e comida razoável. O **Paradiso Perduto** é o mais animado (tel.: 041-720 581; 5ª-dom. aberto até 2h), com *jazz*, música folclórica e étnica ao vivo. Para pontos de encontro venezianos tradicionais, as vielas perto da Strada Nova (principalmente no final do Campo Santi Apostoli) escondem *bacari* excelentes, como **Alla Vedova** (*ver p. 77*). As ruas laterais próximas da galeria Ca' d'Oro (perto da Strada Nova) também escondem muitos bares tradicionais, assim como alguns dos calçadões na beira do canal, aparentemente desertos.

San Polo/Santa Croce/Rialto

O romântico **Bancogiro** (Campo San Giacometto), em Rialto, é um ponto de encontro bastante excêntrico, mas popular, principalmente para drinques antes do jantar ou no fim da noite. O **Bacaro Jazz**, no lado de San Marco da Ponte de Rialto (em frente ao Fondaco dei Tedeschi), é um bar com vídeos de *jazz* e, às vezes, música ao vivo. A **Osteria Ruga Rialto** (Calle del Sturion 692) tem *jazz*, *blues* e *reggae* ao vivo, assim como jantar e drinques. O **Easybar** (Campo Santa Maria Mater Domini; fechado 5ª) é uma mistura descontraída da tradicional Veneza com a contemporânea Milão, oferece ambiente de *lounge* e a oportunidade de saborear um clássico *spritz al bitter*. O **Novecento** (Campiello Sansoni) desdobra-se em clube de *jazz* e pizzaria.

Acima: as luzes brilhantes da Ponte de Rialto; bandeja de bellinis.

Danceterias

Em virtude do envelhecimento da população de Veneza, o centro histórico da cidade não tem danceterias recomendáveis – só alguns clubes noturnos sérios e fora de moda e uma "discoteca". Para uma noite mais animada e jovem, especialmente nas casas noturnas, muitos venezianos dançam com os turistas nos clubes do Lido de Jesolo, na costa adriática. Mas é necessário ir de carro, pegando uma rodovia com alto índice de acidentes. Mestre, no continente, tem algumas danceterias, mas também é preciso ir de carro.

CRÉDITOS

© 2009 Apa Publications GmbH & Co. Verlag KG (Cingapura)
© 2010 Martins Editora Livraria Ltda., São Paulo, para a presente edição.
Todos os direitos reservados.

Veneza a pé
Título original: *Step by step Venice*
Autoras: Susie Boulton e Jessica Stewart, com textos adicionais de Lisa Gerard-Sharp.
Editora-chefe/série: Clare Peel
Cartografia: Zoë Goodwin, James Macdonald e Neal Jordan-Caws
Gerente de fotografia: Steven Lawrence
Editor de arte: Ian Spick
Produção: Kenneth Chan
Fotografias: todas as fotografias ©APA Chris Coe, Glyn Genin, Anna Mockford/Nick Bonetti, exceto: AKG London 24; Bridgeman Art Library 44; Corbis 8-9, 46; Fotolibra 2-3, 26-7; iStockphoto 12B, 15B, 20-1, 22, 30B, 35T, 36T, 38-9, 57, 58, 69, 72T, 86, 123; Leonardo 112-13, 113T, 114, 115; Mary Evans 69B; Ros Miller 83, 90T; Scala 44-5.

Capa: imagem principal: 4 Corners; embaixo à esquerda: iStockphoto; embaixo à direita: Glyn Genin

1ª edição 2011

Publisher: *Evandro Mendonça Martins Fontes*
Produção editorial: *Luciane Helena Gomide*
Diagramação: *Triall Composição Editorial Ltda.*
Preparação: *Helen Diniz*
Revisão: *Denise Roberti Camargo*
Dinarte Zorzanelli da Silva

Todos os direitos desta edição no Brasil reservados à
Martins Editora Livraria Ltda.
Av. Dr. Arnaldo, 2076
01255-000 São Paulo SP Brasil
Tel.: (11) 3116.0000
info@martinseditora.com.br
www.martinsmartinsfontes.com.br

Dados Internacionais de Catalogação na Publicação (CIP)
(Câmara Brasileira do Livro, SP, Brasil)

Boulton, Susie
    Veneza a pé / [texto Susie Boulton, Jessica Stewart] ; tradução Mônica Saddy Martins. – São Paulo : Martins Martins Fontes, 2010. – (Guias de viagem Insight Guides)

    Título original: Step by step Venice.
    ISBN 978-85-61635-86-2

    1. Veneza (Itália) – Descrição e viagens – Guias I. Boulton, Susie. II. Stewart, Jessica. III. Série.

10-10145   CDD-914.531

Índices para catálogo sistemático:
    1. Guias de viagem : Itália   914.531
    2. Veneza : Itália : Guias de viagem   914.531

Embora a Insight Guides e os autores deste livro tenham tomado todos os cuidados razoáveis em sua preparação, não garantimos a exatidão ou completude de seu conteúdo, no mais amplo sentido permitido por lei, desobrigam-se de qualquer responsabilidade que possa advir de seu uso.

Nenhuma parte deste livro pode ser reproduzida, armazenada em sistema de recuperação ou transmitida sob nenhuma forma nem por nenhum meio (eletrônico, mecânico, por fotocópia, gravação ou qualquer outro) sem prévia autorização escrita de Apa Publications. Citações curtas do texto, com o uso de fotografias, estão isentas apenas no caso de resenhas do livro. As informações foram obtidas de fontes creditadas como confiáveis, mas sua exatidão e completude, e as opiniões nelas baseadas, não são garantidas.

ÍNDICE REMISSIVO

A

Accademia di San Rocco **22**
Accademia, galeria **40**,
   42-5, 59
acqua alta **12, 28**
aeroportos **86, 107**
agências de correio **96-7**
albergues da juventude **96**
alfândega **96**
ambulâncias **98**
Antico Cimitero Ebraico
   85-6
Arsenale **12, 54, 56**
assistência médica **105**
Ateneo Veneto **47**

B

Bacino Orseolo **35**
balsas **72, 109**
banheiros **104**
bares **17, 122-3**
Basilica di San Marco **28-31,
   90-1**
   batistério **31**
   campanário **31**
   Museo di San Marco
      29-30, 91
   Pala d'Oro **30**
   Tesoro **30-1**
   capela zen **31**
batalha de Lepanto **24**
Biblioteca Marciana **32**
bicicletas **85**
Bienal **21, 56**
Blue Moon, conjunto **87**
Brandolisio, Paolo **92**
Burano **12, 81-2, 83**

C

Ca' Contarini-Fasan **41**
Ca' d'Oro **37, 77-8, 88**
Ca' del Sol **92**
Ca' Foscari **39**
Ca' Pesaro **37, 71**

Ca' Rezzonico **23, 39-40**
Caboto, Giovanni **55**
cafés **17**
caixas automáticos **98**
Calcina Pensione, La **58**
Campiello del Cristo **67**
Campo dei Gesuiti **78**
Campo dei Mori **76**
Campo del Ghetto
   Nuovo **75**
Campo di Santa
   Margherita **93**
Campo di Santa Maria
   Formosa **52**
Campo Manin **49**
Campo Pisani **23**
Campo Puntolaguna **48**
Campo San Barnaba **60**
Campo San Fantin **47**
Campo San Giacomo **73**
Campo San Giacomo
   dell'Orio **67-8**
Campo San Polo **68**
Campo San Vio **59**
Campo San Zanipolo **52**
Campo Sant'Angelo **48**
Campo Santa Maria del
   Giglio **47**
Campo Santo Stefano **23, 48**
Campo SS Apostoli **78**
Cannaregio **12, 74-8**
Carmelitas **60**
Carnaval **20-1**
cartão para os museus **13, 31**
Casa Bepi **80**
Casa de Maria **63**
Casa di Tintoretto **76-7**
Casa Goldoni **69**
Casanova **49**
casas de câmbio **98**
Castello **11-2, 54-6, 92-3**
cemitério judaico **85-6**
Chorus, Igrejas da Associação
   13, 100
cinema **23, 87**
clima **96**
clubes **122-3**

Colleoni, Bartolomeo **52, 53**
commedia dell'arte **18, 21, 69**
compras **18-9, 69, 71, 80, 82,
   92, 100**
concertos **22-3**
consulado **98**
cozinha **14-6**
crime e segurança **97**

D

deficientes **97**
dinheiro **98**
direção **98, 106-7**
Dogana di Mare **39, 41**
Dorsoduro **12, 19, 57-60, 93**
drinques **14-7, 71, 104, 116-
   21**
duty-free **96**

E

Egidio Martini, galeria de arte
   40
Eletricidade **98**
Embaixada **98**
emergências **99**
Erberia **37, 71, 88**
esportes **86**
estacionamentos **98, 106-7**

F

farmácias **105**
Fenice, La **22, 25, 47**
feriados **99**
Ferrovia Santa Lucia **36**
festivais **20-1, 23, 24, 64, 87,
   99**
Festival de Cinema de Veneza
   23, 87
Fondaco dei Tedeschi **38, 73,
   89-90**
Fondaco dei Turchi **37**
Fondamenta dei Vetrai **80-1**
Fondamenta degli Ormesini
   76

Fondamenta del Vin **72**
Fondamenta dell'Osmarin **51**
Fondamenta Longa **80**
Fondazione Cini **62-3**
Fondazione Querini
  Stampalia **52**
Fortezza di Sant'Andrea **86**
Fortuny, fábrica **64**
Franchetti, galeria **37,
  77-8**
Frari **22, 66-7, 93**
Frezzeria **49**
fumo **99**
fuso horário **99**

G

Galleria Franchetti
  37, 77-8
geografia **11-2**
Ghetto Vecchio **75**
Giardini Pubblici **55, 56**
Giudecca **12, 61, 62, 63-4**
Gobbo di Rialto **73**
Goldoni, Carlo **23, 69**
gôndolas **35, 57, 92-3, 104**
Gorjeta **99**
Grande Canal **36-41**
gueto judaico **12, 75-6**
Guggenheim, *ver* Peggy
  Guggenheim, coleção
guias e passeios **99**

H

Harry's Bar **16, 47**
história **24-5**
horário de funcionamento dos
  museus **13**
horários de funcionamento **13,
  18, 100**
hospedagem **96, 104, 110-5**
hotéis **104, 110-5**
Hôtel des Bains **87**

I

Il Redentore **12, 64**
informações turísticas **100**
ingressos, reserva de **13**

J

James, Henry **40, 67**
Jazz **123**
jesuítas **78**
jornais **102-3**

L

Lido **12, 23, 85-7, 104**
Liga de Cambrai **24**
limites de idade **101**
língua **100**
Lista di Spagna **75**
listas de eventos **20-5, 64, 87,
  99**
livrarias **19**
lojas de departamentos **19**
Lungomare G. Marconi **87**

M

Madonna dell'Orto **22, 77**
Mann, Thomas **23, 87**
mapas **101**
Marco Polo **52**
máscaras e fantasias **18, 20, 21,
  60, 69, 92**
Mercador de Veneza, O **23**
Mercerie **19, 35**
mídia **102-3**
moeda **98**
moinho Stucky **64**
Morte em Veneza **6, 23, 85,
  87**
Mose, projeto **12, 25, 28, 48**
Murano **12, 19, 79-81**
Museo Archeologico **31**
Museo Correr **31**
Museo del Merletto **82**
Museo dell'Opera, **32, 91**
Museo del Settecento
  Veneziano **40**
Museo del Vetro **80**
Museo dell'Estuario **84**
Museo Ebraico **75-6**
Museo Fortuny **48-9**
Museo Orientale **37**
Museo Storico Navale **54-5**
Música **22-3, 123**

O

objetos de design **19**
objetos perdidos **103**
onde comer **14-7, 71, 104,
  116-21**
ônibus **106, 108**
ônibus aquáticos **36, 108**
ópera **22, 23, 25**
orçamento **102**
Ospedaletto **22**

P

Palácio dos Doges **24, 30, 32-
  4, 50, 91**
Palazzo Balbi **39**
Palazzo Barbaro **40**
Palazzo Camerlenghi **38**
Palazzo Corner-Mocenigo **39,
  68**
Palazzo Corner-Spinelli **39**
Palazzo da Mula **80**
Palazzo Dario **41**
Palazzo del Casinò **87**
Palazzo della Mostra del
  Cinema **23, 87**
Palazzo Grassi **40**
Palazzo Grimani **38**
Palazzo Mastelli **77**
Palazzo Mocenigo **39, 68**
Palazzo Pisani **48**
Palazzo Pisani-Gritti **41**
Palazzo Salviati **41**
Palazzo Soranzo **69**
Palazzo Vendramin-Calergi
  22, 37
Palazzo Venier dei Leoni, **40**
Passaportes **96-7**
Peggy Guggenheim, coleção
  40, 59
Pescheria **71, 89**
Piazza San Marco **11, 12, 20,
  21, 28-35, 47, 90-1**
Piazzetta **34-5**
Piazzale Roma **36, 98, 107**
Piazzale Santa Maria
  Elisabetta **85**
Píer **50, 91**
Pietà, La **22**

Pinault, François **40, 58**
Polícia **98, 104**
Ponte Calatrava **25, 36**
Ponte degli Scalzi **37**
Ponte dei Pugni **60**
Ponte dei Sospiri **34, 50, 91**
Ponte dell'Accademia **40, 42, 48**
Ponte delle Tette **71**
Ponte di Rialto **24, 38, 73, 89**
Ponte dos Suspiros *ver* Ponte dei Sospiri
população **13, 78**
praias **87**
Punta della Dogana **58**

Q

Quadreria **31**

R

rádio **103**
religião **104**
renda **82, 83**
restauração, projetos de **13**
restaurantes **16, 116-21**
restaurantes, horários de funcionamento **14, 119**
restaurantes, reservas em **14, 117**
Rialto **12, 18, 19, 38, 70-3, 88-9**
Rialto, Ponte de **24, 38, 73, 89**
Riva degli Schiavoni **50**
Rolfe, Frederick **69**
roupa branca **82, 83**
Ruga degli Speziali **89**
Ruskin, John **39, 47, 58**

S

Sacca Sessola **64**
San Francesco del Deserto **84**
San Giacometto **22**
San Giacomo di Rialto **72-3**
San Giacomo in Palude **84**
San Giorgio **61-3**
San Giorgio dei Greci **51**
San Giorgio Maggiore **23, 62**
San Giovanni Elemosinario **72**

San Gregorio **59**
San Lorenzo **52**
San Michele **77**
San Moisè **47**
San Nicolò **86**
San Pantalon **93**
San Pietro di Castello **55-6**
San Polo **12, 65-9, 93**
San Salvadore **90**
San Sebastiano **60**
San Silvestro **72**
San Zaccaria **41, 50-1, 62, 92**
Sant'Anna **56**
Sant'Erasmo **84**
Santa Croce **12, 65-9**
Santa Fosca **84**
Santa Maria dei Miracoli **22, 78**
Santa Maria dell'Assunta **83**
Santa Maria della Salute **41, 58-9**
Santa Maria Formosa **22, 52**
Santi Apostoli **78**
Santi Giovanni e Paolo **52-3**
Santi Maria e Donato **80**
São Marcos, *ver* Basilica di San Marco
saúde **105**
Scala dei Giganti **33**
Scuola dei Caleghri **65**
Scuola di San Giorgio degli Schiavoni **52**
Scuola di San Giovanni Evangelista **22, 67**
Scuola Grande di San Marco **53**
Scuola Grande di San Rocco **22, 65-6, 93**
Scuola Grande di San Teodoro **22**
Sensa, La **24**
sinagogas **75-6, 104**
Spirito Santo **58**
Squero di San Trovaso **57**

T

Talentoso Ripley, O **23**
táxis **107**

táxis aquáticos **109**
teatro **23**
Teatro Goldoni **23**
Teatro La Fenice **22, 25, 47**
telefones **105**
televisão **103**
Tempio Votivo **85**
têxteis **18, 64, 82**
Ticiano **44, 66**
Tintoretto **76-7**
Torcello **12, 83-4**
Torre dell'Orologio **35, 90**
traghetti **72, 109**
transporte **106-9**
traslado do aeroporto **103**
trens **106**
Treviso **107-8**
trono de Átila **84**

V

Vaporetti **36, 108**
Veneza em perigo **13**
Veneza em um dia **88-93**
Venice Card **13, 101**
vestuário **97**
Via Garibaldi **55**
vida noturna **122-3**
vidro **19, 79-81**
Vignole, Le **84, 86**
vinho **16**
vistos **96**
Vivaldi **22**
Vogalonga **24**
voos **86, 106-8**

W

Wagner, Richard **22, 37**
websites **109**

Z

Zattere, As **57**
Zecca **32**
Zitelle, As **63**

Laguna Veneta